KB127308

선교사 루까스의 여정

선교사 루까스의 여정
— 임낙길 목사 간증집

2023년 2월 28일 처음 펴냄

지은이 | 임낙길
펴낸이 | 김영호
펴낸곳 | 도서출판 동연
등 록 | 제1-1383호(1992년 6월 12일)
주 소 | 서울시 마포구 월드컵로 163-3, 2층
전 화 | (02) 335-2630
팩 스 | (02) 335-2640
이메일 | yh4321@gmail.com

Copyright ⓒ 임낙길, 2023

이 책은 저작권법에 따라 보호받는 저작물이므로, 무단 전재와 복제를 금합니다.
잘못된 책은 바꾸어 드립니다. 책값은 뒤표지에 있습니다.

ISBN 978-89-6447-839-4 03040

◆ 임낙길 목사 간증집 ◆

선교사 루까스의
여정

임낙길 지음

동연

이 책을

존경하는 선친 임덕호 명예 집사님과

사랑하는 선모 황귀녀 권사님께 바칩니다.

동시에 고난의 길을 같이 살아 온, 사랑하는 동반자요,

칠순을 맞이한 나의 아내 Pamela(빠멜라)에게 드립니다.

받은 사명에 응답하기 위한 믿음

나는 임낙길 목사님이 대전에서 개척 교회를 섬기고 있을 때 여러 차례 만나서 많은 시간을 보냈습니다. 그때 임낙길 목사님은 많은 고생을 하고 계셨습니다. 그러나 그는 자녀의 문제, 교회의 문제를 영적으로 해석하려고 하는 안목을 가지고 있었습니다. 그리고 그 문제를 기도로 해결하려고 하는 것을 보았습니다. 그는 이미 성령님과 교통하고 있었으며, 성령의 은사를 받고 있었습니다. 그리고 성령의 도우심을 사모하고 있었습니다.

임낙길 목사님이 불현듯 나에게는 나라 이름도 생소한 코스타리카 선교사를 자원하여 떠났다는 소식을 듣고, 성령의 특별한 인도가 아니면 그럴 수 없다는 생각을 했습니다.

임낙길 목사님이 현지 언어와 풍토에 능숙하게 적응하고, 자녀들도 잘 적응한다는 소식을 들으면서, 나는 "하나님께서 그를 국내용 목사로 준비하신 것이 아니라, 남미 수출용 목사로 준비하시느라 남다르게 힘든 훈련을 시키셨구나!"하고 깨달았습니다.

나는 임낙길 선교사님을 물질로 크게 돕지 못했습니다. 나는 다만 임낙길 목사님의 선교 소식을 꼼꼼히 읽으면서 기도로 협력했을 뿐입니다. 나는 임낙길 목사님이 종종 보내 주신 색소폰으로 찬양하는 동영상을 보면서 공감하고 기뻐했을 뿐입니다. 나는 임낙길 목사님이 보내 준 자녀들의 소식을 들으면서 놀라우신 하나님의 은혜를 감사하고 기뻐했을 뿐입니다.

최근 임낙길 목사님의 간증서를 읽으면서 이런 험한 인생길을 걸어오면서도, 받은 사명에 응답하기 위해 수고한 믿음에 응답하시고 복 주신 하나님을 찬양합니다.

김옥남 목사

(전주중앙교회 원로목사. 전 한국기독교장로회 총회장)

추천의 글

하나님과의 관계에서 고백하는 삶의 이야기

　　임낙길 목사는 한국신학대학(전 한신대학교) 동기생입니다. 신학교 시절의 임 목사는 키가 크고, 어려움 속에서도 늘 미소를 잃지 않고, 열심히 기도와 아르바이트를 한 친구로 기억에 남아 있습니다. 임 목사가 재학 중에 입대하여 군 복무를 마치고 복학했을 때, 저는 이미 학교를 떠나있었습니다.

　　그 후 오랜 세월이 지난 후, 임 목사가 대전에서 개척하여 목회를 하다가 갑자기 사역을 마치고, 코스타리카 선교사로 간다는 소식에 깜짝 놀랐습니다. 목회가 얼마나 어려운지, 사람을 살리는 일을 하는 목회자가 사람 때문에 상처받고 절망하는 경우를 많이 봤는데, 임 목사는 미련 없이 훌훌 떨어내고, 낯설고 먼 중남미 선교사로 간다는 것이었습니다. 자녀들도 있는데 한국에서 안정된 사역지를 찾지 않고, 해외 선교의 길에 나선다는 것이 참으로 큰 도전이었을 텐데, 임 목사는 과감하게 자신을 던졌습니다.

　　그런데 세상은 참 좁다는 것을 새삼스럽게 느낀 일이 있었습니다. 제가 독일 함부르크대학 선교아카데미 연구실장으로 일할 때, 마침

추천의 글 | 7

코스타리카에서 온 유학생 제임스를 알게 되었는데, 그가 코스타리카에 돌아가 교수가 되어 임 목사에게 많은 힘이 되었다는 것입니다. 제가 아는 한, 임 목사는 아마 기장 파송 선교사로서 중남미에 첫발을 디딘 선교사가 아닐까 생각합니다. 그곳에서 원주민 선교를 하면서 개척 교회를 세우는 등 수많은 위험 속에서도 오직 복음 전도사역에 헌신할 수 있었던 것은 누구보다 임 목사와 사모님의 헌신과 노력 때문이었을 것입니다.

목사에게는 임기가 있지만 선교사에게는 임기가 없다는 말이 있습니다. 임 목사는 코스타리카 사역을 마친 후, 다시 미국으로 건너와 상담학을 공부하면서 목회학 박사학위를 취득했고, 미국 장로교 대서양 한미노회 소속 교회에서 목회를 하였습니다. 참으로 부지런하고, 쉬지 않고 공부하면서 전도해 온 목사로서의 삶을 이제 이 '간증집'과 함께 정리한다고 합니다.

자전적 전기는 흔히 무용담이나 자기 자랑, 혹은 자기 정당화일 수 있습니다. 그런데 임 목사는 자신이 살아온 이야기를 굳이 '간증'이라고 합니다. 자신의 삶을 이웃 인간과의 관계에서가 아니라 하나님과의 관계에서 고백한다는 의미이겠지요. 그러니 굳이 자기 자랑을 하지 않아도 되고 자기 허물을 감추지 않아도 되고 힘들었던 일, 상처받았던 일들도 담담하게 말할 수 있고, 자랑할 수 있는 일도 우쭐하지 않고 기억할 수 있는 것이지요. 그래서 그의 '간증'은 목회하면서, 선교하면서 상처받고, 실패한 경험이 있는 이들에게 큰 위로가 될 것입니다. '동병상련'(同病相憐)의 정 때문이 아니라 하나님은 계시지 않는 곳이 없다는 깨달음 때문이지요. 하나님은 내가 나를 아는 것보다 나를 더 잘 아시고, 하나님은 내가 나에게 가까이 있는 것보다 더 가까이 계신다는 깨달음이 함께 나누어지는 곳에 임 목사의 '간증'은 더욱 빛날 것입니다.

채수일

(전 한신대 총장, 전 경동교회 담임목사)

친구여

내 눈에 보인 그대는
세상에서 가장 아름다운 삶
그림을 그려온 세월이었습니다.

도움이 필요한 이를 가까이하며
사랑이 그리운 이를 찾아보고
복음을 들고 세상 끝까지라도 달려가는 그대
절망하는 이를 안아 주며
달리고픈 이의 다리가 되어 준 그대

진정 인생의 가치를 아는
따뜻한 사람이요
이제는 존경과 사랑의 꽃다발을
가슴속에 안고 환한 웃음을 웃을 때가
되었습니다.

메마르고 낯선 그 먼 곳
남아메리카까지 달려간 걸음이여!

생명을 공급하는 말씀
낮은 자세로 섬겨왔던 흔적
한 권의 책이 되었네요.

그대는 어느 자리에 있던
황혼의 부드러움으로
좋은 그림 자체입니다.

황용대
(시인, 목사, 기장 99회 총회장, NCCK 대표회장 역임)

머 리 말

나를 선택하시고, 지금까지 인도해 주신
하나님의 은혜에 감사하며

어느 미국인 목사님이 자서전을 출판하면서 이런 말을 하였다.

"성공을 이야기하라면 할 말이 없으나 실패담을 말하라면 할 수 있다. 그래서 난 실패담을 간증하려고 한다."

위의 고백에 전적으로 동감한다. 살기 힘든 가난과 견디기 어려운 고난과 감당할 수 없는 질고 속에서 무엇 한 가지 자랑하거나 내놓을 것이 없는 나로서는 이 땅에 남길만한 흔적이 없다.

그럼에도 불구하고 내 나이 만 74세가 되고 보니 남은 세월이 결코 길지 않다는 생각을 하게 되었다. 더 기억이 희미해지기 전에 내놓을 것 없는 지난날의 이야기지만 나를 선택하시고 지금까지 인도해 주신 하나님의 은혜가 너무 감사하여 나만 홀로 간직하는 것보다는 형제들과 나눔을 통하여 피차 위로와 힘을 얻게 할 필요가 있다고 생각하여 이 간증집 혹은 자서전을 만들게 되었다.

아무쪼록 인생의 나그넷길에서 절망하거나 불안하거나 방황하는 분이 있다면 조금이라도 보탬이 될 수 있기를 바라는 소박한 심정으로 용기를 내어 이 부족한 글을 세상에 내놓는다. 영원한 저 천국에서 밝고 빛나는 찬양을 함께 부를 수 있기를 소망한다.

지은이 임낙길

차 례

1부

모든 일이 당연한 것이 아닌 은혜였소

— 연대기별 간증 이야기

◆

청소년 시기

이는 네 속에 거짓이 없는 믿음이 있음을 생각함이라 이 믿음은 먼저 네 외조모 로이스와 네 어머니 유니게 속에 있더니 네 속에도 있는 줄을 확신하노라(딤후 1:5).

바울 사도는 믿음의 참 아들 디모데에게 목회자로서 가져야 할 권리와 의무, 설교, 기도, 직제자의 선출, 성도를 대하는 태도, 경건, 복음과 함께 고난을 받기, 예수 그리스도의 좋은 병사요 일꾼으로서 믿음의 선한 싸움을 싸워 승리하는 교회의 지도자가 되라고 부탁을 한다(디모데전후서).

이 모든 교훈을 말하면서 먼저 디모데의 신앙의 뿌리가 외조모와 어머니로부터 시작되었다는 것을 강조하며 깊은 신뢰감을 가지고 칭찬하고 있다.

외조모

나 역시 디모데처럼 어머니와 외조모로부터 신앙의 뿌리를 두고 오늘의 내가 되었다. 외조모는 채 집사님이셨다. 외조부는 유학자였다. 그 당시에는 아들을 낳지 못하면 칠거지악이라고 하면서 학대하였다. 그래서 외조모는 아들을 낳게 해 달라고 정화수 떠 놓고 천지신명님께 빌고 또 빌었다. 왜냐하면 딸만 다섯을 낳았기 때문이다. 샤머니즘적 신앙으로 빌고 또 빌다가 그만 귀신이 들어갔다. 육신은 바짝 마르고 잠을 잘 수가 없었다. 원래 천식으로 오랫동안 고생하였다. 이젠 아들은커녕 죽을 지경이 된 것이다.

그런데 그때 외조모의 사촌 오라버니가 있었다. 그는 청년 시절에 선교사를 만나 예수 믿고 구원을 얻었다. 나아가 기도에 매우 힘을 다하였다. 주로 산 기도에 힘을 썼다. 얼마나 기도에 힘을 다하였는지 낙엽이 온몸을 덮어 보이지 않을 정도로 기도에 힘을 다하였다는 전설 같은 이야기를 들었다. 드디어 그는 신유의 은사를 받았다. 그는 나중에 장로님이 되었다. 그의 아들은 목사가 되었다(채은실 목사: 전북 익산 마동교회).

그 청년은 성령 충만하여 우리 외조모를 붙잡고 믿음의 안수기도를 하였다. 즉시 귀신은 떠나가고 건강해졌다. 이때부터 외조모는 우리 가정의 믿음의 산 조상이 되었다. 그리고 아들 셋을 더 낳았다. 즉, 외조모는 팔 남매를 두었으며 나의 어머니는 둘째 딸이 되었다.

나는 종종 외갓집에 엄마의 손을 잡고 간 적이 있다. 외조모는 함박눈이 펑펑 쏟아지는 날, 버선발로 달려 나와 나를 끌어안아 주면서 "아이고! 우리 강아지, 귀엽다"고 하면서 힘껏 포옹해 주었다. 지금도 그 체온이 잊히지 않는다. 그리고 늦은 밤까지 기도하셨다. 지금 기억하기는 천식으로 숨을 몰아쉬고 기침을 콜록, 콜록 하시면서 사도신경을 암송하셨다. 내가 잠이 들 때까지 계속 찬송과 기도를 하셨다. 그 찬송과 기도 소리가 어린 나에게는 신비스럽고 아름다운 자장가였다.

어머니

어머니는 팔 남매 중의 둘째 딸이시다. 외조모의 간절하고 열심 있는 신앙을 본받았다. 어머님도 자식을 5남 3녀를 낳으셨다. 나는 둘째 아들이다. 나도 어머니처럼 둘째로서 어머니의 믿음을 본받아서 오늘의 내가 된 것이니 우연의 일치인지 모르겠다.

나는 어려서 매우 몸이 약한 편이었다. 늘 피부병, 열병, 영양부족 등 잔병으로 몸이 아프고 엄마의 치맛자락을 붙잡고 울고 보채기만 한 기억이 난다. 별명이 울보였다. 등에 동생을 업고 힘든 농사일과 가사 일을 하시면서도 내가 울며 귀찮게 해도 한 번도 짜증을 내거나 욕설을 하지 않으셨다. 땀을 뻘뻘 흘리면서 바쁘게 일을 하시면서도 나의 눈물, 콧물을 닦아 주시면서 울지 말라고 달래셨다.

힘들고 어려운 농사일과 교회를 다니시는 모습은 지금도 잊히지 않는다. 마당에 산적해 있는 농사일을 하더라도 주일성수는 반드시 하신 것이다. 믿지 않으신 아버지와 교회 봉사하는 것 때문에 자주 다투는 것을 보면서 성장하였다. 아마 엄마는 신앙생활을 하는데 아버지가 핍박한다고 생각하셨는지 모른다. 핍박하면 할수록 믿음 생활

어머님 칠순 기념 잔치 가족 사진

은 더욱 철저히 하신 것 같다.

주일성수는 물론 십일조를 바치고 목회자를 존경하며 기도에 열심을 다 하셨다. 가난한 농부의 아내로서 어떻게 헌금 생활을 할 수 있었을까? 추수감사절이 다가오면 어머니는 지혜롭게 나락을 몇 가마니씩 바쳤다. 마당에 타작하여 나락을 가마니에 담글 때 아버지가 잠깐 휴식을 취하시러 현장을 떠나 동네 정자에 가서 한잠 주무시고 돌아오기 전에 서둘러 예수도 믿지 않는 아랫집으로 그 나락 가마니를 옮겨 놓는다. 그리고 언제 그것이 교회로 가져갔는지는 모른다.

나중에 자녀들이 성장하여 용돈을 드리면 거의 자신을 위하여 사용하지 않는다. 보관하여 헌금을 하신다. 맛있는 음식을 장만하면 반드시 먼저 주의 종을 대접해야 한다고 선별하여 드린다. 어린 나는 그 심부름을 도맡아 하였다. 그때마다 목사님들은 김이 모락모락 나는 고구마를 가운데 놓고 나에게 축복 기도를 하셨다. 난 그것이 너무 좋았다. 심부름 대가로 목사님의 축복 기도를 받는 것이 어린 나이에도 불구하고 가장 아름답고 축복이 될 것이라고 믿었다.

어머니는 기도의 용사이셨다. 성령 충만하여 능력 기도를 하셨다. 목사님들은 종종 심방을 가실 때 어머니를 동행자로 같이 다녔다. 왜냐하면 설교는 목사님이 하시고, 어머니가 환자를 위해 기도하면 병이 낫기 때문이었다. 아무리 피곤하여도 밤이면 교회당에 모여 기도 용사 몇 분이 기도에 힘을 다하였다. 그들 중의 자녀들은 목사, 장로가 되었다. 그들의 손자들도 목사나 장로가 되었다. 어머니의 믿음은 겨자씨가 되었다. 직계 자녀 중에서 세 명의 목사가 나왔다. 나와 여동생 임순자 목사, 임순심 목사(쿠바 선교사)이다. 그리고 어머니의 장녀 임순례 권사에게서 정다운 목사, 정지수 목사(아내 장은희 목사), 정민 목사가 나왔다. 정다은 목사의 남편도 목사이다. 그 외에 형님의 딸이 백석대학교에서 신학을 공부하였다. 어머니의 둘째 아들인 나로부터 나의 아들이 목사이다. 9명의 목사가 나왔다. 9명의 박사가 나왔다. 신학, 의학, 법학, 공학, 음악 박사들이다. 100년 전에 처음 예수를 믿었던 무명의 외조모께서 오늘의 믿음의 자손들이 믿음을 계승하여 이렇게 축복을 받고 살 것을 미리 아셨을까? 실로 겨자씨 비유, 누룩의 비유는 허공에 떠 있는 이야기가 아니다.

어머니는 일자무식해도 주일 예배 시에 대표 기도를 하셨다. 성령 충만하여 아주 뜨겁게 열정적으로 기도하셨다. 성도들이 큰 소리로 아멘을 하는 소리를 들었다. 찬송도 열심히 불렀다. 기쁘실 때는 "이

것이 나의 간증이요 이것이 나의 찬송일세" 슬프고 힘들 때는 "험한 시험 물속에서 나를 건져 주시고"를 눈물을 흘리시면서 부르셨다.

나는 평생 어머니같이 건강한 신앙생활을 한 사람을 만나지 못한 것 같다. 어머니는 이 세상 사람이 아니라 하늘나라에 속한 신앙인이었다.

어머니는 나를 매우 사랑해 주고 언제나 온화한 분이었다. 어머니의 풍성한 사랑을 받으면서 성장한 것이 나도 남을 전적으로 믿어주며 사랑할 수 있는 원동력이 되었다.

아버지

그러나 아버지는 아주 엄격하시고 말이 없는 분이셨다. 가난한 농부로서 어린 자식들을 책임지고 평생 농사일만 하신 분이다. 얼굴에는 기쁨이 없고, 무엇인지 슬픔이 쌓여 있는 고독한 분이셨다. 왜 그랬을까? 어려서는 알 수 없었다. 그러나 나도 할아버지가 되어 보니 이해를 할 수 있다.

아버지의 슬픔은 7세 어린 나이에 할아버지가 별세한 것으로부터 시작되었다. 할아버지는 원래 지방의 유지로서 유학자이셨다. 일찍 돌아가시면서 자식들에게 공평하게 유산을 상속하게 하셨다. 그러나 나이 차이가 많은 배다른 형이 그 많은 유산을 독차지하였다. 자신은 공부도 하였으나 아버지는 머슴 취급하였다. 그래서 다른 친구들은 가방을 메고 학교에 갈 때 아버지는 나무꾼 지게를 짊어지고 산에 나무를 하러 올라가셨다. 악랄한 형은 아버지를 혹독하게 머슴처럼 부려 먹었다.

먼 훗날 내가 목사가 되어 아버지 고향 교회에 부흥 집회를 인도하러 간 적이 있다. 그때 그 큰아버지가 집회에 참석하였다. 내 앞에서 무릎 꿇고 아버지에게 잘못했으니 용서해 달라고 빌었다. 나는 단호히 "나에게 용서를 빌지 말고 하나님께 회개하시오"라고 꾸짖었다. 아버지는 내가 목사가 되어 그렇게 설교를 한 것에 대하여 겉으로는 침묵하셨지만, 속으로는 아주 만족해하신 것 같다.

큰아버지의 자식들은 그 많은 재산을 탕진하고 예수도 믿지 않고 자살하기도 하고 알코올 중독자가 되기도 하고 완전히 멸망하였다. 오직 사촌 누나 한 분만 예수 믿고 구원 얻었다. 긍휼의 하나님께서 아마 그루터기로 남겨 두신 것 같다. 우리 가정은 예수 믿고 자식들이 다 번성하고 축복을 받았다. 우리 부모는 빈손으로 시작하여 가난과 싸우면서도 신앙을 지키었다. 큰아버지의 가족과는 세상적으로는 비교할 수가 없는 형편이었다. 그럼에도 불구하고 믿음으로 성공하며 승리한 우리 가정을 만들어 주신 분이 여호와 닛시! 우리 하나님이시다.

다행히 아버지는 타고난 체력이 있어 그 많은 힘든 일을 거뜬히 다 해낼 수 있었다. 가히 삼손 같은 힘이 센 장수와 같았다. 힘으로 내기해서 패배한 적이 없다. 그 지방에서 소문난 장수였다. 보통 사람은 쌀 한 가마를 지게에 지고 일어서기도 힘든 일이다. 그런데 아버지는 두 가마니를 짊어지고 일어서서 걸어갈 정도였다. 아마 씨름 선수

가 되었다면 이만기나 강호동을 이겼을 정도로 힘센 분이셨다. 힘만
센 분이 아니라 지혜도 있었다.

　나의 사촌 형 되시는 분과 청년 때에 만주로 가출하여 돈을 벌고
청운의 꿈을 이루기 위해 떠난 적이 있다고 들었다. 만주에 가서 두
분은 여러 가지 일을 하였다. 특히 집을 짓는 목수 일을 하고 그 기술
을 배웠다. 나중에 귀국하여 두 분은 주택을 건설하였다. 내가 살던
우리 집은 두 분이 건축하였다.

　오랜 세월이 흘러 어머니와의 결혼이 아버지의 일생을 변화시킨
터닝 포인트(turning point)였음을 알게 되었다.

　우리는 맨주먹으로 시작하여 자수성가를 이룬 부모님을 존경한
다, 사랑한다. 내가 어렸을 때 아버지는 부잣집의 머슴살이를 하였다.
그 부잣집에서 준 조그만 사랑방에서 여섯 식구가 살았다. 아버지는
동이 트기 시작하면 쟁기를 등에 지고 소를 몰고 논밭으로 일하러
나가신다. 해가 어두워질 무렵이 되면 만취가 되어 돌아오신다. 그러
므로 낮에는 아버지 얼굴을 볼 수가 없다. 그리고 언제나 술에 취한
모습만 보며 자라났다. 어머니는 그 부잣집에서 살 때 교회를 다니기
시작하였다. 언제나 어린 나를 데리고 다니셨다. 밤 예배를 마치고
집에 돌아오면 어두컴컴한데 대문을 굳게 잠궈 버렸다. 다행히 대문
아래에 나의 몸이 통과할 만한 틈새가 있었다. 내가 먼저 그곳을 통과
하여 안으로 들어가서 잠겨 있는 대문을 소리 나지 않도록 열었다.
이런 일이 자주 일어났다. 주인이나 아버지에게 들키지 않도록 숨죽
이고 조심스럽게 해야만 하였다. 그럼에도 불구하고 두렵거나 무섭지

않았다. 오히려 스릴도 있고 무엇인가 할 일을 하고 있다고 믿었다.

아우의 화상

그 부잣집 사랑채에 살고 있었을 때 응급사건이 터졌다. 나와 네 살 차이가 나는 동생이 무서운 일을 당했다. 방문을 열면 툇마루를 디디고 내려온다. 그 바로 옆에 큰 가마솥을 놓고 쇠죽을 끓이는 것이었다. 그런데 동생이 방에서 문턱을 넘어 펄펄 끓고 있는 가마솥으로 들어간 것이다. 식구들이 화들짝 놀라 어쩔 줄 몰라 쩔쩔매고 있었다. 동네 어른 한 사람이 쏜살같이 나타나 아이를 업고 동네 한의원에게로 달려갔다. 온몸이 화상을 입었다. 온몸의 피부 껍질이 다 벗겨졌다. 얼마나 어린아이가 고통스러웠을까? 그 후 오랫동안 약을 바르고 여러 가지 치료법을 사용하였다. 몇 개월 후에 다행히 정상으로 돌아왔다. 그 동생이 장성하여 훌륭한 장로가 되었다. 다음에 그 동생의 슬픈 삶에 대하여 자세히 간증을 나눌 것이다. 그만큼 우리 집은 가난한 삶을 살았다.

사랑채에서 상당 기간을 살았다. 그 후 주인집은 3킬로미터 거리에 있는 함열읍으로 이사했다. 어떤 이유인지는 모르나 우리 집도 사랑채 단칸방에서 떳떳하게 독채인 새로운 집으로 이사를 하였다. 이번엔 방도 세 개나 되고 넓은 마당도 있고 앞과 뒤뜰에는 각종 과일나무도 있었다. 거기는 대선리 2구 종촌이라는 마을이었다. 그런데 무슨 사연인지는 모르나 얼마 살지 않고 이번엔 대선리 3구 고선지라는 마을로 다시 이사했다. 고선지라는 마을도 안팎으로 나누어 우리 집은 밖 고선지라고 불렀다. 우리 집은 밖 고선지 제일 높은 곳에 위치하였다. 조그만 야산을 지나면 제일 먼저 우리 집이 나타났다. 우리집에서 내려다보면 모든 동네의 집들이 한눈에 보이며, 멀리 유명한 호남평야인 넓은 들판이 보였다. 저 멀리 유명한 미륵산이 보인다. 땀 흘려 농사를 짓고 추수기가 되면 그야말로 황금물결이 춤을 추는 평화롭고 아늑한 엄마의 따뜻한 품과 같았다. 가난한 농부들의 마음을 위로해 주고 중노동의 대가로 기쁨의 여유 있는 마음을 가지게 하는 들판이었다. 그리고 눈에 보이는 거의 모든 들판을 아버지는 황소가 이끄는 쟁기를 붙잡고 논밭을 기경하는 작업을 힘을 다해, 해내신 분이다.

새로 이사한 집에 대한 신비한 간증을 나누려고 한다. 원래 그 집은 아버지와 앞에서 언급한 나의 사촌 형(촌수는 형이지만 나이는 아버지와 거의 동년배) 두 분이 만주에서 배운 목수의 실력으로 손수 지은 집이다. 그동안 다른 사람이 살았는데 이제 그 사람은 다른 곳으로 이사하고 우리가 본래의 우리 집으로 이사를 한 것이다. 그 사연은 이렇다.

신비한 체험을 한 우리 집

우리 집은 어머니를 중심으로 열심히 예수 믿고 신앙생활을 하는 가정이다. 그러나 이사한 그 가정은 예수를 믿지 않고 우상숭배를 하는 가정이다. 그런데 그 가정은 늘 우환질고가 그치지 않았다. 소문에 의하면 우리 집을 지은 그 장소는 터가 센 곳이다. 그 집터는 과거에 몇 개의 묘가 있었다. 시쳇말로 명당이 아닌 터 센 곳이었다. 그래서 일까? 우리 집이 본래의 집을 찾아 이사를 들어간 지 얼마 되지 않아 소위 마귀와의 전쟁이 시작되었다.

내 기억으로 초등학교를 다닐 때, 어느 날은 악몽을 꾸었다. 절간에 있는 여러 가지 형상의 괴물들이 방안에 빙 둘러앉아 있었다. 그리고 무지개색 저고리를 입은 여자의 모습을 한 괴물이 나의 목을 짓누르며 곧장 죽이려 달려들었다. 소위 가위눌림이었다. 그 꿈속에서 내 힘으로 이 괴물을 물리칠 수가 없었다. 그런데 어느 하얀 수염을 가진 할아버지가 나타나 그 괴물을 쫓아내 버렸다. 눈을 떠보니 나는 식은땀을 흘리고 맥이 다 풀어진 상태였다. 그 순간 엄마는 호롱불을 켜고 성경을 읽고 있었다. 내가 악몽에 시달리는 것을 보고 "우리들의 싸울 것은 육체 아니요"라는 축귀 찬송을 반복해 부르고 항상 잔병에 시달리는 병약한 나를 위해 간절히 기도하고 계셨다는 것이다. 그 이후 우리 가족은 별 탈 없이 건강한 삶을 살았다. 그런데 신기한 것은 우리 집을 떠나 다른 집으로 이사한 그 가정도 새로 이사한 집에서는 모두 건강하게 잘 살았다는 것이다. 나는 이때부터 우리의 삶의 현장에는 이러한 영적 전쟁이 일어나고 있다는 것을 몸으로 알게 되고 익숙해지는 훈련을 받은 것이라고 느끼게 되었다. 이 세상은 보이는 것이 있고 보이지 않는 세계가 있다는 것을 어린 나이임에도 불구하고 조금씩 인지하게 된 것이다. 할렐루야!

가난에 찌든 십 대 시절

우리나라의 60년대는 전쟁 이후의 폐허 그것이었다. 개인적으로 나의 십 대 시절 이야기이다. 전깃불 대신 호롱불을 켜놓고 살았다. 그런데 신기한 것은 어둡고 컴컴한 호롱불 아래에서도 오늘날 전깃불과 똑같이 그 시절은 불편하지 않게 살았다는 것이다. 그러므로 우리가 지금 염려하는 인디언 부족들이 전깃불 없이 해와 달을 벗 삼아 아무런 불편 없이 잘 살아가고 있다는 것을 이해할 수가 있다. 호롱불하나 켜 놓고 엄마는 성경 읽고 기도하며 바느질도 하셨다. 그 희미한 호롱불 빛 아래에서 우리는 책상도 없이 엎드려 숙제를 해도 아무 어려움이 없었다. 실내 화장실이 없어 마당을 가로질러 멀리 떨어져 있는 뒷간에서 볼일을 보았다. 수도 시설이 없어 마을 공동우물에 물지게를 지고 가서 물을 길어 큰 항아리에 저장하여 식수로 사용하였다. 나는 이때부터 물지게, 나무지게, 쇠꼴지게, 나락지게, 볏단지게, 심지어 똥지게까지 지고 다녔다. 똥지게는 고도의 기술이 필요하다. 고약한 냄새는 물론 참아야 하며 똥물이 튀지 않도록 윗부분에는 나뭇가지로 덮고 박자를 맞추면서 걸어가야 한다. 균형을 잡지 못하면 큰일을 당한다. 세탁기가 없어 손으로 빨래하였다. 자가용이 없어 걸어 다니거나 좀 여유가 있는 사람은 자전거를 타고 다녔다. 운동화를 신을 수 없는 나는 고무신을 신고 다녔다. 책가방은 꿈도 꾸지 못하고 보자기에 책을 돌돌 말아서 어깨에 짊어지고 학교에 다녔다. 쌀밥은 구경하기 힘들고 꽁보리밥도 어쩌다 먹을 수 있고 거의 강냉이 빵이

나 꿀꿀이 죽으로 끼니를 이어갔다. 생일날에 쌀밥을 먹는 것이 최고의 기쁨이었다.

주경야독하였다. 낮에는 학교에 다녀온 이후에 쇠꼴도 베고 소를 몰고 동네를 돌아다니면서 풀을 뜯어 먹도록 하였다. 지금도 그때 쇠꼴을 베기 위하여 익힌 낫질을 잘한다. 숫돌에 낫을 날카롭고 예리하게 가는 기술도 익혔다. 동생을 업고 소를 몰면서도 항상 내 손에는 책을 쥐고 다녔다. 동네 어른들이 "그놈 참 착해, 저렇게 책을 벗 삼아 사니 장차 큰 인물이 될 거야!" 하면서 머리를 쓰다듬어 주며 칭찬을 아끼지 않았다. 어린 시절에 칭찬을 먹고 자란 사람은 자존감이 충만해진다. 자존감에 말씀에 근거한 믿음이 더 해지면 건강한 신앙인이 될 수가 있다.

함라초등학교

집에서 초등학교는 약 3킬로미터 거리에 있고 중학교는 반대 방향으로 약 3킬로미터 거리에 있다. 초등학교 6년, 중학교 3년, 도합 9년간 거의 성적은 항상 상위권을 유지하고 반장도 하고, 많은 상장을 받았다. 9년간 개근상을 받기도 하였다. 한번은 초등학교 시절에 담임 선생님이 장차 희망이 무엇인가? 일일이 학생들에게 대답을 요청하였다. 여러 가지 대답이 나왔다. 난 갑자기 "외교관이 되겠습니다!"라고 대답하니 친구들도 선생님도 나도 놀라워했다. 외교관이 무엇인지도 잘 모르는 분위기였기 때문이다. 그런데 나는 하나님의 외교 대사가 되어 세계를 다니게 하고 평생을 성직자요 선교사로 살게 하셨으니 아마 내 입으로 예언을 한 것이 아닌가 생각한다. 그 시골 무명의 촌놈이 다닌 초등학교 동창생 중에 우리 마을에서 서울대에 두 명이 입학하였다. 나는 그들과 상위를 유지한 실력을 가졌으나 신학대에 가서 목사가 되었다. 그들은 유학도 하고 나중에 고국에서 교수를 하고 지금은 은퇴하였다. 지금도 연락하고 있다.

함열중학교

중학교 입학 당시의 이야기이다. 이제 호롱불 시대가 사라지고 전깃불이 들어왔다. 아버지는 밤늦게 공부하고 있는 나에게 전기세가 많이 나온다고 불을 꺼버렸다. 그리고 중학교도 입학할 수 없다. 농사일을 도와야 한다. 공부할 의욕을 가지지 못하게 하셨다. 그러나 나는 아버지 몰래 중학교 입학시험을 치르고 합격하였다. 합격하고 나니 다니게 허락하셨다.

이리고등학교

고등학교에 입학할 때도 마찬가지이다. 아버지의 허락 없이 입학시험을 보고 합격한 것이다. 그 당시에는 영어와 수학이 중요한 시험 과목이었다. 영어는 『안현필의 삼위일체』라는 책을 거의 전체를 암송하였다. 시험문제가 거의 그 책에서 다 나왔다. 100점 만점을 얻었다.

비록 수학은 좋은 점수를 얻지 못하였지만 무난하게 이리고에 합격하였다. 이리고는 사립고가 아닌 공립학교이고, 실력은 있으나 가난한 자들이 다니는 학교였다. 그러나 이리고 출신들이 좋은 명문대에 많이 입학하였다. 선생님들도 실력 있고 인품 좋은 분들로 기억한다.

학교에 가기 위해서는 집에서 3킬로미터를 달려가서 함열역에서 기차를 탄다. 다송역과 황등역을 거쳐 이리역에 도착한다. 다시 걸어서 약 15분을 가면 학교가 나타난다. 당시 기차는 항상 초만원이었다. 기차 안에 있는 좌석에 앉지 못하고 거의 복도에 빽빽이 서서 간다. 아니면 출입구에 매달려 수십 분을 견디면서 다녔다. 비가 오나 눈이 오나 다녀서 3년간 개근하였다. 아마 몸은 연약하지만, 집념은 대단하였던 것 같다.

나는 비교적 명랑하고 장난치기를 좋아했다. 당시에는 학교에 소위 규율부가 있었다. 학교 안에서 운동선수들이 있었다. 그들은 학교 정문에 서서 등교하는 학생들을 교복이나 머리 상태를 점검하기도 하였다. 그들은 다른 학교 학생들과 자주 싸움도 하였다. 부정적으로 보면, 마치 조폭 같은 학생들이었다. 한번은 휴식 시간에 교실에서 친구들과 장난을 치고 있었다. 그때 규율부장이라는 선배가 와서 우리를 모아 놓고 앞에서 훈계를 하였다. 그 모습만 기억이 났다. 나는 의식을 잃고 양호실에 누워 있었다. 그 선배가 한방 친 것에 내가 얻어맞고 의식을 잃고 쓰러진 것이다. 부랴부랴 선생들이 나를 부축하여 양호실로 데려다 놓은 것이다. 한참 후에 선생님이 내 이름을 부르는 소리를 듣게 되고 의식이 돌아왔다. 내 이름을 부르면서 음료수를 먹여 주었다. 그리고 맛있는 짜장면을 시켜 주었다. 그 음식이 아주 맛있었다. 이러한 사건으로 규율부장과 선생이 우리 집까지 찾아와서 부모님에게 사과하였다.

이런 사건으로 나는 태권도를 배우기 시작하였다. 그러나 맨날 얻어터지고 운동신경이 느린 나는 얼마 되지 않아 흥미를 잃어 그만두었다. 체력이 운동을 계속할 수 있도록 따라 주지 못하였다. 검은 띠도 따지 못하고 포기하였다. 운동하여 그런 조폭 같은 놈들을 때려눕힐 것이라는 복수심은 쉽게 무너져 내렸다.

이리고에 다닐 때 2학년까지는 비교적 성적이 우수한 셈이었다. 이과 계통인 수학, 물리, 화학 등 과학은 어려웠다. 어려우니 차츰 흥미를 잃어갔다. 성적도 좋지 않았다. 반면 언어학에는 재미가 있고 재미가 있으니 열심을 다 하였다. 영어는 물론 제2외국어인 독일어는 거의 만점이었다. 따라서 독일어 선생님은 전교에서 제일 잘하니 열심히 공부하여 서울대를 가라고 권면하셨다. 나는 흥미도 있고 그만큼 실력도 쌓였다. 그것이 나중에 한신대에 가서 독일어 원전을 독해할 때 큰 도움이 되었다.

그러나 고3이 되어서 방황기를 맞이하였다. 가세는 기울어지고, 아버지는 대학 진학을 포기하라고 말씀하셨다. 대학 진학에 있어서 가장 중요한 고3 시절에 대학에 갈 수 없다는 청천벽력 같은 소리를 들었을 때 나는 방황하기 시작했다. 대학을 포기하고 고교를 졸업하면 무엇을 해야 하는가? 나같이 가난한 사람은 대학에 가는 대신 공무원 시험을 치르거나 직장에 취직해야 했다.

대학 생활과 청년기

일본 여학생과 펜팔 친구가 되다(Pen Pal with Japanese High School Girl)

누구의 소개로 시작하였는지 아니면 스스로 하였는지 확실하지 않지만, 일본 여학생과 펜팔을 하게 되었다. 당시에 여고생들은 군인 아저씨와 펜팔을 하거나 남학생들은 다른 여고생들과 펜팔로 친구가 되기도 하였다. 그러나 나 같은 경우처럼 외국인과 펜팔을 한다는 것은 다소 생소한 일이었다.

대학 진학을 포기한 상황에서 외국인과 펜팔로 친구를 사귀게 된 것은 신선한 사건이었다. 물론 서투른 영어로 편지를 썼다. 영미 문학가들의 글을 인용하면서 최대한 미사여구를 구사하면서 그럴싸한 사랑의 노래를 불렀다. 사진도 주고받았다. 전형적인 일본인의 디자인으로 된 줄무늬가 있는 교복이었다. 단발머리에 치마를 입었다. 살포시 미소를 짓는 사진 속의 그녀는 아름답고 청순한 여고생이었다. 그 사진을 얼마 동안 가슴에 품고 다녔다.

이 글을 쓰고 있는 시간에 뉴스에서 어느 한국전쟁 참전용사의 이야기가 나온다. 그가 20대 청년 시절에 만난 일본인 처녀를 찾는다. 첫사랑이었다. 90세가 넘은 이 노인이 색 바랜 사진 속의 일본인 처녀를 만나 보고 싶다고 페이스북을 비롯한 각종 미디어에 그 사진과 더불어 광고를 올려놓았다.

첫사랑은 이루어질 수 없는 사랑이라는 말이 있다. 그런 까닭에 더욱 안타까운 사랑일 것이다. 얼마나 아름다운 사랑일까? 그 참전용사는 70년이 지난 지금도 그 첫사랑을 잊지 못하다니!* 인간은 사랑

---

* I'm at peace with it now.

91세가 된 한국 참전용사가 70년 전에 일본에서 근무하는 동안 첫사랑에 빠진 애인을 드디어 만났다. 그녀의 이름은 패기 야마구치이다. 그에게 그녀는 누구도 대신할 수 없는 여인이었다.

삶은 그들을 이별하게 하였으나 참전용사인 만(Mann)은 91세의 나이가 되도록 그녀를 찾아내고자 결심하였다. 그는 페이스북을 통하여 야마구치를 찾을 수 있도록 도와 달라고 사진과 함께 간절히 요청하였다.

나는 한 번 더 이 일본 소녀 아니면 그녀의 가족 식구들을 찾고자 힘쓰고 있다고 글을 올렸다. 1953~1954년 사이에 둘이서 군부대 안의 클럽에서 만났다. 야마구치는 휴대품 보관하는 일을 하였고, 만은 부대에서 기술자로 일하였다. 거기서 둘은 급속히 사랑에 빠졌으며 매일 만나기 시작하였다. 자주 둘이만 클럽에 남을 때까지. 연인들은 결혼하기로 결심하였고 즉시 야마구치는 임신을 하였다. 약 1년 후에 그들의 로망스는 한국전쟁이 마감하게 되어 깨져 버리고 말았다. 만은 미국으로 배를 타고 귀국하였다.

만은 귀국하였을 때 그의 돈이 다 허비된 것을 알게 되었다. 그의 아버지 이름으로 은행 계좌로 입금하였으나 아버지가 한 푼도 남김없이 다 써버렸다. "만일 내가 돈이 사라진 줄을 알았다면 결코 고향으로 돌아오지 않았을 것이다"라고 그는 말했다.

그의 어머니는 편지들을 가로채어 불을 질러 버렸다. 어머니는 만이 일본 소녀와 결혼하는 것을 원하지 않았다. 어머니는 교회 다니는 며느리를 원하였고, 만은 그렇게 결혼을 하였다. 두 번 결혼하여 여섯 명의 아이가 있다. 그러나 첫사랑을 한 여인을 결코 잊지 않고 살았다. 늘 마음속에 떠오르는 일은 그녀가 '내가 그녀를 포기하였다'는 상황을 이해해야만 한다는 것이다. 거기에서 임신한 상태인 그녀와 이별을 한 것이다.

수소문 끝에 야마구치는 미시간주에 있는 미시시피강을 건너 650마일밖에 안되는 곳

을 주고받으며 살게 되어 있다. 사랑하는 사람이 있는 한, 꿈이 있을 것이다. 그 꿈은 생명력이 있다. 사랑은 죽음의 문화를 이길 수 있다. 뉴스를 보다 보니 일본인 펜팔 친구가 생각났다. '그녀는 나처럼 지금은 할머니가 되어 있겠지. 공부를 많이 해서 교수가 되었을까? 아니면 음악이나 미술을 전공하여 예술가가 되었을까? 아니면 탁발수도승이 되었을까? 아니면 혼탁한 세상을 버리고 거룩한 수녀가 되었을까?'

정신적인 방황을 겪는 청소년기에 들어선 나는 졸업을 앞두고 이성에 눈을 뜨기 시작하였다. 나의 첫사랑이 시작된 것이다. 같은 고향 교회의 장로님의 여동생이다. 당시에 나의 눈에는 세계 최고의 미인이었다. 함께 교회 생활을 하면서 우리의 사랑은 무르익어 갔다. 대학을 가려는 공부에 쏟아야 할 에너지를 첫사랑에 다 쏟아 부었다. 플라톤의 이상주의적 관계인지 아니면 로맨틱한 관계인지 상관없었다. 아마 아가페적 사랑을 꿈꾼 것일 것이다. 그러나 현실은 아니었다. 내가 그토록 사랑하고 하늘의 천사처럼 보인 연인은 사실은 그렇지 않았

에 살고 있다는 것을 알게 되었다. 그녀는 두 번째 남편과 삶을 시작하여 세 명의 아들이 있다. 패기 야마구치는 만에게 말하기를 "1955년에 누군가와 결혼하여 세 아들이 있다. 그러나 미국 남자 친구를 잊지 못하였다." 사실 장남의 중간 이름을 남자 친구 이름인 듀아니라고 지었다.

듀아니 만과 패기 야마구치는 눈물의 이별을 한 지 거의 70년만에 재회하게 되었다. 둘이서 포옹을 하였고, 일본에서 춤을 추곤 했던 추억을 회고하였다. 야마구치도 만이 자기를 버리지 않았다는 것을 확신하게 되었다.

91세가 된 만은 오랫동안의 상처(죄책감)가 사라져서 행복하게 되었다. 나는 이제 비로소 평화를 누리게 되었다. 이 얼마나 순결한 사랑인가! (2022년 7월 12일자 facebook.com/duanee.mann: "Korean War Veteran Reunites with Long-lost love 70 years after Meeting in Japan"을 번역한 것)

다. 시간이 지나면서 알게 된 것은 이미 나의 형뻘 되는 동네 청년들이 그녀를 눈독 들여 같이 어울리고 있었다. 나의 친구 중에도 쟁탈전이 벌어지고 있었다. 나의 친형이 그 여자를 경계하라고 충고한 적이 있다. 동네 소문이 좋지 않다는 것이다. 그런 충고를 들으면 들을수록 반드시 그녀를 차지해야겠다는 마음이 강해졌다. 고3 학생으로서 대학 진학을 포기하고 첫사랑에 정신을 빼앗긴 상태에서 그녀에 대해 몰두하는 것은 그나마 나에게는 돌파구가 된 셈이다.

어수선한 상황에서 고등학교를 졸업하였다. 공무원 시험도 낙방하였다. 집에서 농사일도 할 줄 모르기에 집에 살기도 힘들었다. 그래서 함열에 있는 농약 판매 가게에 취직하였다. 세상에 태어나서 처음으로 남의 밑에 들어가서 일하게 되었다. 주인은 아주 매섭게 일을 시켰다. 일보다도 더 나를 힘들게 한 것은 주인의 인격 모독적인 언사와 행동이었다. 더구나 독한 농약 냄새를 맡고 만지면서 일하는 환경이 나를 견디기 힘들게 하였다. 원래 몸도 약한 편이고 마음도 강하지 못하여 사람을 잘 대하지 못하는 성격이다. 수개월 일했지만 견디지 못하고 포기하였다. 그러는 사이에 애인도 멀리 떠나 버렸다. 모든 삶의 의욕이 사라지고 자포자기에 빠졌다.

나는 낙오자요 실패자이다. 그럼에도 불구하고 하나님께서는 새로운 인생으로 나아가도록 인도하셨다. 패배자로서 외로움과 아픔을 하소연할 사람이 없었다. 다른 길이 보이지 않았다. 홀로 무거운 짐을 지고 교회로 찾아갔다. 무릎 꿇고 눈물을 흘리며 기도하였다. 이 세상에서 제일 낙오자요 무가치한 존재로 느끼면서 앞으로 어떻게 살아가야 하는지 하나님께 질문한 것이다. 아무도 없는 교회에는 손풍금이 놓여 있었다. 치는 법을 배운 적이 없었지만 혼자서 4부로 건반을 짚어 가면서 찬송가를 치기 시작하였다. 페달을 발로 밟아서 바람을 넣어 강약을 조절한다. 혼자서 쳐도 4부로 하모니가 들린다. 그때 악기를 통하여 들리는 하모니가 얼마나 아름다운지! 그때 익힌 피아노 실력은 지금도 나타나고 있다. 시간이 되는대로 교회에 가서 지냈다. 목사님 사택도 가까이 있다. 그래서 식사 시간이 되면 사택에 들어가서 목사님과 함께 식사하곤 하였다. 어느 날 목사님이 요즘 집에서 어떻게 지내느냐? 대구에 신학교가 있는데 가난해도 갈 수 있다는데 가고 싶은가? 졸업하면 우리 교단의 목사가 될 수 있다고 하셨다. 방황하던 청소년기의 나에게는 사막의 오아시스 같은 말씀이었다. "네, 가겠습니다. 공부하여 훌륭한 목사가 되겠습니다. 감사합니다."

대구 한남신학교

서둘러 입학 수속을 마치고 마침내 합격통지서를 받았다. 고등학교를 졸업하고 만 2년을 보낸 후 드디어 69년도에 대구에 있는 한남신학교에 입학하였다. 고향과 부모님의 곁을 떠나 처음으로 공부하러 타향살이를 시작하였다. 무엇보다 목사가 될 수 있다는 꿈과 희망이 가슴을 설레게 하였다. 기숙사에서 지낼 물건들을 가방에 넣고 낯선 땅으로 나섰다. 도착하니 학교는 흔히 생각하는 대학 캠퍼스가 아니었다. 조그만 가정집이었다. 거기에 강의실, 사무실, 기숙사가 있었다.

이미 수십여 명의 선배들이 있었다. 나와 같이 입학한 신입생은 불과 몇 명뿐이었다. 몇 명 안 되는 전체 학생들은 모두 가족 같은 분위기에서 열심히 예배를 드리고 수업에 충실하였다. 그 당시에 만난 선후배들은 거의 목회에 성공한 분들이다. 여러 사연으로 때를 놓쳤지만 늦게나마 소명을 받고 목사가 되고자 모인 학생들이었다. 그러므로 오히려 더 열심히 기도하고 겸손하게 수업에 열중하였다. 대구는 아주 더운 지방이다. 안락한 환경이 아니지만 땀을 흘리면서 함께 동고동락하는 믿음의 형제들과 최선을 다하며 주의 종이 되는 준비를 철저히 하였다.

그런데 1년 정도 학업에 열중하고 있었는데 어느 날 교수님이 임 군은 이곳에서 공부하지 말고 서울 한국신학대학으로 전학을 하는 것이 좋겠다고 충고해 주셨다. 즉, 그 정도 실력이면 서울에 가서 훌륭한 교수들을 만나고 더 좋은 환경의 대학 캠퍼스에서 맘껏 공부하기를 바란다는 것이었다. 우선 교수님의 인정을 받은 것이 너무나 기쁜 일이었다. 그러나 나는 2년이나 지각생인데 과연 서울에 가서 동급생들과 공부할 수 있을까 염려되었다. 등록금도 걱정이 되었다. 그러나 교수님은 "믿음으로 도전하면 길이 열릴 것이다. 하나님께서 주의 종을 삼으셨으니 너의 기본 실력이면 장학금도 받을 것이다. 생활비도 아르바이트를 하면 벌 수 있다"고 강권하셨다.

한국신학대학

교수님의 강권하심과 추천으로 마침내 70년도에 서울 수유리에 있는 한국신학대학에 입학하게 되었다. 정원은 약 30명이다. 그 당시에는 신학생이 되는 것은 드문 일이었다. 그리하여 겨우 정원이 채워지고 여학생도 몇 명이 있었다. 그리고 나와 같이 특별한 경우로 입학한 동료는 다섯 명이었다. 우리들은 학교 기숙사에 살았다. 합숙 생활은 좋은 훈련과정이다. 아름다운 정원에서는 담소를 나누었다. 운동장에서는 같이 여러 구기종목 경기를 하곤 하였다. 대학원생까지 도합 약 2백 명 정도였다. 거의 한 가족처럼 지냈다. 교수님들도 세계적인 학자들이었다. 그런 분들이 아버지같이 친절하고 나이 많은 형님같이 우리를 대하고 서로 가까운 사이로 학교생활을 하였다.

한국에서는 가장 진보적이며 학문적으로 뛰어난 학교로 정평이 나 있는 신학대학이었다. 비로소 아카데믹한 분위기에서 학문에 접할 수 있었다. 따라서 앞서가는 신학대학생이 된 것에 대한 자부심을 가졌다. 그 당시에 학교 배지는 히브리어로 임마누엘이라고 쓰여 있다. 배지를 달고 서울 시내를 다니면 어느 대학 배지냐고 질문을 받곤 하였다. 그도 그럴 것이 한국말도 아닌 이상한 글자가 새긴 것이기 때문이다. 어떤 때는 촌놈이 서울 거리를 다니면서 이상한 학교 배지를 달고 다니는 것이 좀 부끄럽기도 하였다. 그러나 공부하면서 점차 그러한 부정적인 생각은 사라지고, 이것은 하나님이 함께하신다는 뜻의 '임마누엘'이라 발음하는 성서의 원어라고 대답하고, 스스로 자부심을 가지고 당당히 어깨를 펴고 다녔다.

신학생이 되면 1학년에 목사로 들어가서 2학년이 되면 장로가 되고 3학년이 되면 집사가 되고 4학년이 되면 평신도가 된다는 속어가 있다. 그 의미는 신학을 공부하기 전에 가졌던 모든 잘못된 선입견이 다 사라진다는 것이다. 특히 성서 비평 가운데 이미 학자들의 노력으로 세계에 널리 알려진 수많은 학설을 소개받고 비판하고 토론하면서 자신의 신앙을 새롭게 정립해 나가야 하는 것이다. 신학을 연구할수록 변화가 일어나게 된다. 요약하여 표현하자면 이전에 개인의 영혼 구원만을 중요하게 생각했다면 점차 개인의 영혼 구원뿐만 아니라 사회 구원도 중요하다는 사실을 깨닫게 된다. 그것은 학문의 접근법의 차이이다. 개인이 영혼 구원이 이루어질 때 사회 구원이 가능하다는 입장이 있다. 그러나 반대로 사회의 구조악을 직시하여 그것을 철폐하고 평화로운 사회를 건설할 때 자동으로 개인의 영혼 구원도 완성된다는 입장도 있는 것이다. 비교적으로 나의 모교인 한신대의 학풍은 후자에 속한다. 그러므로 대부분의 나를 포함한 학생들은 초기에 많은 혼란을 느끼게 된다. 혼란기를 넘어가지 못하면 탈락할 수도 있고, 실제 적응하지 못하고 전학을 한 친구도 있다. 공부할수록 선입견과 편견이 사라진다. 순수한 어린이 같은 개인 영혼 구원을 강조하는 생각과 삶도 큰 변화가 일어났다. 샌님 같은 학생들이 자신의 고뇌는 물론 사회의 현실을 인식하게 되면서 대담해진다. 예를 들면 술과 담배 문제이다.

어느 중학교 친구는 장로의 아들로서 아주 순수한 학생이었다. 그런데 나중에 전남의대를 졸업하고 의사가 되었다. 술과 담배를 아주 자연스럽게 잘 마시고 피웠다. 내가 깜짝 놀랐다. 그는 어려운 수술을 집도하고 나면 긴장이 풀어지면서 너무 허탈해지고 힘들어 주초를 시작하게 되었다고 말했다. 마치 스타들이 화려한 공연을 마치고 박수받으며 무대에서 내려오면 허전해져서 술과 담배를 피우게 된다는 것처럼 지금 그는 골초가 되었고, 술주정도 하게 되었다고 말하였다.

우리 신학생들도 한국교회의 문화에서 제사 문제나 금주, 금연이 한국만의 문제이지 다른 나라에서는 그렇지 않다고 생각하면서 대담해지는 친구들이 하나둘 증가하였다. 그러나 나는 원래 몸이 약한 편이다. 그래서 담배는 입에 물어본 적이 없다. 막걸리는 기회가 되면 한두 잔 마신 적이 있다.

학교가 너무 먼 거리에 있었다. 형님이 천호동에서 살았다. 형님 집에서 학교를 통학했다. 천호동에서 수유리는 너무 먼 거리이고 버스를 몇 번 갈아탔다. 어느 날 하교하는 날이었다. 버스에서 내려 형님 집까지 한참을 걸어가야 한다. 점심도 먹지 못하면서 다녔는데 그날은 너무 배가 고프고 기진맥진한 상태였다. 힘없이 걸어가는데 포장마차가 보였다. 무조건 안에 들어가서 주인에게 막걸리 한 잔만 주세요. 단숨에 마셨다. 얼굴이 달아오르기 시작하였다. 그런데 이상한 것은 기분도 좋아지고 배가 부른 느낌을 받았다. 그러나 호주머니에는 동전 한 푼이 없었다. "미안합니다. 외상입니다." 화가 난 주인은 "야, 이 미친놈아! 별, ㅇㅇ 같은 놈을 다 봤네. 아이 재수 없어, 당장 꺼져버려!" 나도 모르는 사이에 선입견이 사라지고 대담해졌다. 콧노래를 부르며 혼자 정신 나간 사람처럼 웃다가 울면서 어슬렁어슬렁 걸어갔다.

돌이켜보면 우리 시대 70년대의 대학 생활은 아주 어수선한 시대였다. 박정희 군사독재에 쉬지 않고 항거하는 학창 시절이었다. 특히 한신대의 학풍과 어울리는 데모는 너무나 당연하게 생각하게 되었다. 그래서 전국의 대학 가운데 언제나 선봉장이었다. 책상에 앉아 조용히 연구하기를 좋아했던 나는 불만이 쌓이기 시작했다. 가난한 농부의 아들로 열심히 공부하여 착하고 거룩한 목사가 되고 싶었다. 그러나 교수나 학생들은 거리에 나가 구호를 외치며 반독재 운동이 계속되었다. 억지로 거리에 나갔다. 참여하지 않으면 왕따를 당하는 분위기였다. 교수들이 앞장서서 운동하고 구호를 외치는데 학생들이 모른 척할 수 없었다. 그 와중에서 동급생은 소위 간첩단 사건으로 투옥되기도 하였다. 위수령이 내렸다. 학교는 문을 닫고 학생들은 헤어졌다. 공부를 해야 하는데 아버지를 면대하기가 힘들었다. 그래서 서울에서 아르바이트를 하였다. 훗날 이러한 대학 생활은 세상을 새롭게 볼 수 있는 안목을 가지게 하였다는 것을 깊이 깨달았다. 교수님들에게 감사를 드린다.

그런데 한 가지 불행한 사건이 있다. 소위 학내 사건이다. 학장과 교수들 간에 학교 운영 문제에서 심한 갈등을 겪은 것이다. 따라서 학생들도 양 갈래로 분열되었다. 서로 다른 편의 입장에 있는 동료들을 적대시하였다. 지금도 기성세대의 정치적 견해 차이로 갈등이 빚어질 때 젊은이들은 정의를 위하여 투쟁한다고 하지만 거의 기성세대의 정치적 이익 추구에 부화뇌동하여 행동하는 경우가 많다. 지금도 그때 일이 생각나면 가슴이 아프고 슬프다. 그런 와중에도 세 학기를 마쳤다. 어렵게 신학생이 되어 대학 생활을 경험해가며 학문에 대한 눈이 떠지기 시작할 즈음인데 안타깝게도 군대에 가게 되었다.

Army(Military for 3 Years)

호적이 늦게 되어서 실제 나이보다 2년 늦게 군에서 징집명령이 떨어졌다. 한국 청년들은 만 20세가 되면 의무적으로 입대해야 한다. 그것이 71년도 8월이다.

군대 생활은 내 생애를 여러 가지 면에서 변화시켰다. 거의 3년이다. 군대에 부름 받아 집을 떠나는 날, 가족들은 고생하러 간다고 염려하는 눈빛으로 나를 보았다. 어머니는 형님이 처음 군대 간다고 떠나는 날, 먹을 것을 준비해 주고 눈물을 흘리며 3킬로가 되는 함열역까지 배웅하였다. 그러나 나는 두 번째라고 눈물도 흘리지 않고 먹을 것도 준비해 주지 않고 마당에서 잘 다녀오라고 인사하고 헤어졌다. 사람은 누구든지 처음이 두려운 것이지 나중에는 그러려니 하는 마음이 일어나는 것이다.

다른 청년들처럼 논산 훈련소에 입소하여 훈련받기 시작하였다. 만일 개인이 혼자 훈련을 받는다면 어려울 것이다. 그러나 단체로 받으면 어렵지 않게 할 수가 있다. 제일 힘든 것은 매일 구보를 하는 것이었다. 체력이 약한 나는 항상 대열에서 낙오자가 된다. 금방 쓰러질 것 같다. 입에서는 쓰디쓴 냄새가 났다. 그럴 때마다 동기들이 부축해 준다. 끝까지 동기들의 도움을 받으면서 모든 훈련과정을 다 마칠 수 있었다. 그러므로 전쟁터에서 전우의 힘은 아주 중요하고 큰 것이다.

늘 배가 고프다. 청소 시간이 된다. 청소 구역에 식사를 위해 저장해 놓은 두부 저장소가 있다. 가까이 가서 청소하는 척하면서 사방을 둘러보고, 보는 사람이 없을 때 순식간에 생두부 몇 모를 한입에 넣고 아주 빠른 속도로 씹어 삼킨다. 그러한 스릴과 맛은 해 본 사람만 알 것이다.

그리고 논산에서 병사로서의 기본 훈련을 마친 후에 다시 후반기 훈련을 다른 장소로 이동하여 받았다. 그때까지는 당연한 과정이라고 생각하였다. 그런데 다시 하사관 학교로 차출되어 가게 되었다. 당시에는 장교와 일반 병의 중간에 하사들이 있었다. 아마 직업군인인 하사 병들이 부족한 상태였다. 그래서 단기 하사병을 차출하여 훈련시키고 부족한 인력을 보충한 것이다. 나는 재수가 좋은 것인지 아닌지, 원하든 원하지 않든 하사 훈련을 받게 된 것이다. 수개월 간 하사관 학교에 가서 이전에 받았던 훈련보다 더 강하게 혹독한 훈련을 받은 것이다. 이때부터 나의 건강은 확연하게 달라지기 시작하였다. 국군 도수 체조도 기계처럼 훈련받았다. 기본 태권도도 배웠다. 내 몸은 점점 가볍고 날렵해지고 강인한 체력을 가지게 되었다. 눈은 독수리같이 매섭고 부리부리하게 빛났다. 몸은 날씬해지고 몸무게는 적당해졌다. 군복이 제법 어울리는 군인의 모습으로 변해갔다. 온 세상을 단숨에 집어삼킬 듯한 용맹한 모습으로 탈바꿈해졌다. 하사의 계급장을 달았다. 이젠 사관학교 출신인 장교들과 일반 병의 중간에서 가교 역할을 하는 일만 남았다. 모든 졸업생이 가슴 뿌듯이 기뻐하였다. 그런데 그 기쁨은 잠시뿐이었다.

수백 명의 하사관 졸업생 중에서 네 명이 특전사령부에 가게 된 것이다. 그중의 하나가 된 나는 "아이고! 이젠 죽었구나!" 저절로 탄식의 외마디가 나왔다. 다른 동료들도 한결같이 "아이고, 불쌍해라! 너희들 죽으러 간다. 안됐다"고 소리쳤다. 소위 공수부대이기 때문이다. 우리 형도 공수부대 출신이다. 간첩 김신조가 이북에서 내려와 대통령을 암살하려고 청와대를 습격한 사건이 있었다. 김신조 사건으로 공수부대가 창설된 것이다. 우리 형은 첫 번째 특수 공수부대 출신이다. 나도 어느 정도 들어서 알고 있다. 그 훈련은 죽기 아니면 살기의 각오로 임해야 하고 아주 혹독한 훈련을 받아야 한다. 그런데 그 불똥이 나에게 떨어진 것이라니!

돌이켜보면 나같이 유약하고 여린 사람은 사나이 중의 사나이가 되는 강한 스파르타식 훈련이 필요한 것이다. 혼자서는 할 수 없다. 그러나 단체로 하니 가능하다. 적을 단숨에 칠 수 있는 온갖 기술을 배웠다. 날마다 구보를 한다. 태권도도 배운다. 하늘을 찌를 기세를 가지게 한다. 눈앞에 무서운 것이 없다. 뵈는 게 없다. 외박이 허락되어 서울 거리를 활보한다. 버스고 택시고 무임승차를 한다. 헌병들도 멀리서 보면 슬슬 도망간다. 음식점에 들어가면 무조건 무료이다. 손님들이 자리를 피한다. 객기를 부리게 된다. 입대하여 거의 2년 동안

공수부대 배레모 군인

매일같이 강력한 군인의 정신과 자세를 갖추게 하는 강한 훈련을 받는 생활을 하였다. 나머지 1년은 비무장 지대에서 근무하였다. 그것이 나의 일생을 좌우하는 강인한 체력과 올곧고 바른 정신을 가지게 하였다.

지금까지 거의 50여 년 동안 매일 같이 국군 도수 체조를 하고 태권도 발차기와 주먹치기, 푸시업 등을 해오고 있다. 나라를 위하여, 전우를 위하여 목숨을 바칠 각오를 하게 한 과정이었다. 그것은 훗날 주님의 나라를 위하여 순교자가 되겠다는 믿음의 대장부요 용사가 되게 한 것이다. 나중에 선교사로 나가게 된 것도 미래의 나의 운명을 아시는 하나님이 미리부터 이런 강한 훈련을 시킨 것이다.

난 부끄럼을 타고 나약한 못난 인간이다. 그럼에도 불구하고 비로소 지도자가 구비해야 할 육체적 강함과 정신적 자세와 영적 전쟁의 전투사가 되는 갑옷을 준비시켜 주셨다. 우유부단한 성격임에도 불구하고 과감하게 결단하는 지혜와 힘을 갖추도록 하셨다.

마침내 3년 복무기간이 만기가 되었다. 단기 하사이지만 봉급이 병장보다 더 높았다. 부대에서 상관들이 매달 봉급을 주지 않고 적금을 들어 주었다. 제대할 때 목돈을 받게 되었다. 당시에 소 한 마리 값이었다. 예상하지 않았다가 얻게 된 목돈은 잊어버리고 살다가 받은 것이라 공짜 같았다. 일부는 질병으로 고생하는 동생의 치료 약을 사 줄 수 있었다. 나머지는 복학하는 데 등록금으로 사용하였다.

결혼과 목회 사역

결혼

74년도에 만 3년간의 군 복무를 무사히 마치고 영예로운 제대를 하였다. 정들었던 한신대에 다시 복학하였다. 입학 동기들은 이미 졸업을 하였다. 3년이란 세월은 우리를 격차가 벌어지게 했다. 그렇지 않아도 나이 늦게 입학한 나는 이제 더 어린 후배들과 같이 공부하게 되었다. 자연히 연장자가 되었으니 만사에 신중을 기하게 된 것이다. 오직 공부에만 열중할 수밖에 없었다. 3학년을 마쳤다.

마지막 졸업반인 4학년이 시작되기 전에 76년 1월 3일에 결혼하였다. 지금의 아내를 처음 만난 곳은 이수중앙교회이다. 선배이신 박원근 목사님이 개척한 교회이다. 사당동이다. 고향 선배이기도 하다. 나중에 교단 총회장을 역임하신 분이다. 주말이 되면 목사님 사택에 가서 식사하고 잠을 자고 주일에 신학생 전도사로 봉사하였다. 주로 주일학교와 청년부를 맡아 섬기었다. 그리고 성가대 지휘도 하였다. 개척교회는 할 일이 많아 일을 찾아 무엇이든지 해야 한다. 특히 대학 청년부에 속하는 청년들은 주일학교 교사로 봉사하였다. 성가대도 물론이다. 아내는 교사요 성가대원이요 청년부에서도 성실한 회원으로 열심히 주님을 섬기었다. 개척교회로서는 상당한 청년들이 모였다. 서울대를 비롯하여 괜찮은 대학생들, 직장인들로 멤버가 구성되었다. 학교에서 체육과 교수로부터 배운 라인댄스를 청년들에게 가르치기도 하였다. 야외에 수련회를 나가서 기타를 치면서 마음껏 찬양하였다. 뜨거운 합심 기도도 하였다. 거의 대부분 청년들은 순수한 마음과 깨끗한 양심과 거룩해지기를 힘쓰는 프레쉬한 멤버들이었다. 그중에 나는 지금의 아내를 유달리 관심을 가지게 되었다. 아내의 신앙의 뿌리는 그녀의 할머니로부터 시작되었다. 시골 마을에서 할머니는 최초의 믿는 자가 되었다. 할머니로 인하여 아내의 고향에 교회가 세워졌다. 착하고 성실할 뿐 아니라 온전한 십일조를 바치는 것을 알았다. 아내는 당시에 중앙청에서 공무원 생활을 하고 있었다. 약 1년간 연애를 하였다. 4학년 봄 학기가 시작되기 전 겨울 방학이 되었다.

아내와 약혼식을 하려고 시골집에 함께 내려갔다. 고향 교회 목사님을 주례로 모시고 우리 집에서 약혼식을 거행하려고 양가의 가족들이 모였다. 그런데 돌발 사고가 터졌다. 목사님은 약혼이 아니라 결혼식이라고 선포하셨다. 아니 이럴 수가! 그런데 양가의 부모, 친척들은 아무 말도 하지 못하고 목사님의 예배 인도에 그대로 순종하였다. 아내는 당황한 모습이 확연하였다. 나도 물론 멍해졌다. 대충 가족사진을 촬영하고 식사하고 식을 마쳤다. 목사님 왈, "신학생이 약혼하고 동거하면 안 된다. 그러므로 결혼식을 선포한 것이니 놀라지 말고 섭섭해하지 말고 상경하여 신혼살림을 잘 시작하라"는 것이었다. 이 돌발 사건은 두고두고 나의 발목을 잡았다. 부부 싸움을 하면 언제나 이 사건에서 절정에 올라갔다가 그친다. 내가 아무리 본심이 아니었다고 해도 변명으로만 들리는 듯하였다. 그 후에 서울에 올라와서 둘이서 사진관에 가서 결혼식 사진을 찍었다. 지금도 그 사진을 액자에 넣어 걸어 놓고 본다.

이 이상한 사건을 늦게라도 온전히 만회하기 위해서 아브라함처럼 백 세가 되어 결혼 72주년이 되는 날, 자손들 앞에서 다시 결혼식을 하고 싶다. 복학하고 방학 동안에 소리 없이 결혼하였다고 교내에 소문이 자자했다. 그럴 수가 있느냐 이제라도 한턱을 내라 야단이었다. 짓궂은 친구 임홍기는 첫날밤 자기가 중간에 끼어 잠을 자겠다고 으름장을 놓고, 실제로 신혼 단칸방에 와서 밤새도록 농담하며 즐거운 시간을 가졌다.

신혼 방은 노량진 산꼭대기에 있는 소위 달동네였다. 굽이굽이 골목을 지나 어렵사리 산길을 따라 집에 도착한다. 때론 연탄불이 꺼져 냉방에서 잠도 잔다. 아내는 직장에 다니고 난 학교에 다녔다. 높은 산꼭대기에서 직장을 다니는 아내는 날마다 달려서 통근 버스를 탄다. 다행히 아내는 나보다 항상 건강하다. 그리고 우리의 환경은 가난하고 어렵더라도 신혼의 기쁨과 사랑의 연합으로 그 모든 악조건을 능히 이길 수가 있었다. 더 나아가서 아내는 부지런하고 건강하고 창조적인 사람이다. 어느 환경에도 적응을 잘한다. 선교지에서도 한국에 없는 재료를 가지고도 무엇이든지 창조적으로 음식을 만드는 기술이 있다. 신혼살림을 한 지 몇 달이 지나자 나는 욕심을 내었다. 지난

1976년

3년 동안 아르바이트를 하느라 제대로 공부하지 못하였으니 마지막 4학년은 학교 기숙사에 들어가서 공부하고 싶다고 눈치를 보면서 말을 꺼내었다. 그러나 아내는 잠깐 멈칫한 후에 그렇게 하고 싶으면 하라고 대답하였다. 아내의 이런 넓은 사랑의 마음 때문에 오늘의 내가 있게 된 것이다. 자신은 희생하며 남을 이해하고 품어 주는 아름다운 마음은 주님이 주신 마음이다. 선교사들이 고국을 떠나 선교지로 가고 싶어도 아내의 반대에 멈추는 경우가 많이 있다. 여러 가지 이유 중의 하나는 자녀 교육이 걱정되기 때문이다. 그러나 아내는 선교사로 파송 받아 나갈 때도 자녀 교육을 걱정하지 않고 믿음으로 순종하여 출발하였다. 그 믿음을 보신 하나님께서 자녀 교육에 대해 걱정하지 않도록 책임을 져 주셨다. 비교적 자녀들이 제대로 교육받고 미국으로 유학을 가서 성공적으로 학업도 마치고 자리도 잡았다. 그래서 선교본부에서 나에게 "자녀 교육 걱정하지 말고 선교사로 결단하고 나가라"라는 간증을 하도록 배려해 주기도 하였다. 그런 간증을 통하여 늦게 결단하고 선교사로 나간 목사들도 있다.

미안한 마음을 가지고 기숙사에 들어갔다. 도서관에서 밤새면서 열심히 공부했다. 그동안 못다 한 공부를 이 기간, 일 년 동안에 맘껏 연구에 몰두하였다. 그 일 년 동안 많은 실력을 쌓은 것이다. 그리고 주말이면 신혼부부처럼 만나서 기도하고 희망과 비전을 나누었다. 교회에 나가 열심히 주님을 섬기었다.

어느 장로님의 충격적인 죽음

이수중앙교회에서 일어난 사건이다. 어느 주일 낮 예배에 가족 찬양 순서이었다. 당시에 반주자로 이광재라는 여고생이 봉사하였다. 그날은 그녀의 가족이 특송을 하는 시간이었다. 아버지 장로님을 비롯하여 가족이 앞에 나가 서서 찬송을 시작하였다. "잠시 세상에 내가 살면서 항상 찬송 부르다가 날이 저물어 오라 하시면 영광 중에 나아가리 열린 천국 문 내가 들어가 세상 짐을 내려놓고 빛난 면류관 받아 쓰고서 주와 함께 길이 살리"(492장) 4절까지 부르다가 갑자기 "윽!" 소리가 났다. 가운데 서 계신 장로님이 쓰러지셨다. 온 교인이 깜짝 놀랐다. 황급히 청년들 중심으로 뛰어나가 장로님을 부축하여 응급실로 모셔 갔다. 목사님은 계속 예배를 인도하셨다. 장로님은 그 길로 천국 문에 들어가셨다.

모두 충격에 휩싸였다. 인생무상이라더니! 인생이 이렇게 허무한 것인가? 그러므로 언제나 죽음을 맞이할 준비를 하는 종말론적인 삶을 살아야 한다고 생각하였다. 마치 어떤 가수가 자신이 부른 노래의 가사대로 사는 것처럼, 우리도 기도도 신중하게 해야 하며 찬송도 잘 해야 한다고 생각하였다. 입으로 고백한 것이 영락없이 현실화하는 것을 보았다. 긍정적인 사고가 입을 통하여 나타나고, 말한 것이 내 귀에 들리고, 들리는 것이 믿음이 되며 믿음대로 된다. 부정적인 사고에 익숙한 사람은 입을 통하여 부정적인 언어가 나타나고, 말을 하는 그대로 부정적인 영향을 스스로 받고 남에게도 준다.

한국에서 목회 18년

77년 2월에 한신대를 졸업하였다. 실로 군대 3년, 대구 1년, 한신 4년을 합치면 8년 만에 아니 고교 졸업 후 방황한 2년을 더하면 무려 십 년 만에 우여곡절 끝에 신학교를 졸업한 것이다. 이제 전도사가 되었다. 단독목회 현장에 나갈 수가 있게 되었다. 그러나 오라는 교회도 없고, 갈 곳도 없다. 하는 수 없이 보잘것없는 신혼살림을 정리하여 시골 아버지 집으로 갔다. 믿음 없는 아버지는 실망이 컸다. 나의 이종사촌은 교육대를 졸업하고 교사가 되었다. 아버지는 나도 어려서 공부를 잘하는 편이므로 교육대를 졸업하여 안전한 직장을 가지고, 동생들을 공부시킬 것을 기대하셨다. 그러나 목사가 되겠다고 신학교를 졸업하더니 오갈 데 없이 아버지 집으로 들어갔으니 얼마나 기가 막히셨을까?

다행히 건넛방이 하나 있었다. 나는 염치 불구하고 거기에 짐을 풀고 그 방에서 지내게 되었다. 그 방은 큰 가마솥이 있고 쇠죽을 끓이는 솥이 있는 부뚜막이 있었다. 덕분에 그 추운 겨울에 따뜻한 방을 사용하게 되었다. 아무 때든지 전도사로 사역할 교회가 나타나기까지는 환영해 주지 않지만 살아야 했다. 아내는 오랜만에 시부모를 모시게 되어 부지런히 청소며 집안일을 하였다. 부모님은 겉으로는 직장도 없이 함께 사는 것이 못마땅하지만 며느리가 따뜻한 밥을 지어 드리니 은근히 흐뭇해하신 것 같았다. 그 몇 달 동안에 부모님과 함께 살았던 것이 처음이자 마지막 효도하는 기간이 되었다. 몇 개월 후에 목회지가 연결되어 부모님과 헤어지게 되었다. 부모님은 그 기간에 아내가 정성과 사랑을 다하여 부모님을 공양한 것을 두고두고 칭찬하셨다. 돌이켜보면 하나님의 섭리였다. 그 후에는 목회 전선에 나가서 부모님을 모실 수가 없게 되었다. 명절이나 생신을 맞이할 때나 찾아뵈었기 때문이다. 그러므로 있을 때 잘해야지! 효도도 때를 놓치면 하고 싶어도 할 수가 없다.

칠석교회

수개월이 지난 후에 친구 목사를 통하여 전도사로 첫 목회지를 소개받았다. 전남 광산군 대촌면 칠석리에 있는 칠석교회이다. 지금은 광주시 칠석동이다. 아주 먼 거리에서 칠석교회 집사님이 우리 집까지 차를 몰고 오셨다. 얼마 되지 않는 이삿짐을 실었다. 부모님은 신학을 졸업한 나를 전도사로 모시러 직접 찾아온 것을 보시고 그나마 대견스러워하시는 모습이었다. 부모님께 큰절을 올렸다. 잠깐이었지만 부모님을 모시고 살 수 있었음에 감사하며 이별의 눈물을 흘리며 먼 타지방으로 떠났다. 차 안에서 처음 만난 집사님과 여러 가지 대화를 나누었다. "전도사님 우리 교회는 아주 약한 교회입니다. 가서 보시면 실망이 크실 것입니다. 고생을 해야 할 것입니다." 나는 그런 말이 귀에 들어오지 않았다. '가난한 교회라면 어떠냐? 약한 교회라도 좋다.' 나는 고생은 이미 각오하였다. 지금 찬밥 더운밥 가릴 때냐? 불구덩이 속이라도 들어갈 각오가 되어 있다. 부름 받아 나선 이 몸 어디든지 가야 한다. 아버지로부터 독립해 나간다는 것 자체가 그저 감사할 뿐이다.

몇 시간을 집사님이 운전하고, 아내와 나는 옆자리에 앉아서 한껏 부푼 마음을 품고 달려갔다. 피곤하면 중간에 휴게소에서 잠깐 쉬었다 갔다. 드디어 도착하였다. 겨우 집 한 채가 동네 한가운데 있다. 허름한 집 한 채가 칠석교회였다. 안으로 들어가 보았다. 강단을 바라보니 천장 가운데가 축 늘어져 있다. 오른쪽으로 일부를 막아 방이 한 칸 있다. 그리고 그 옆에 부엌이 있다. 방문을 열면 교회당이다. 교회당 안은 어둡다. 강단에는 천정에서 살고 있는 쥐들로 인해 쥐똥이 쌓여 있다. 너무나 기가 막히고 가슴이 아프다. 하나님의 성전이 이 정도로 허술하다니!

우리를 안내하신 집사님의 집으로 가서 저녁 식사를 하였다. 식사하면서 교회의 역사와 현재 상황을 들었다.

교회의 설립자는 이 모라는 집사의 삼 형제이다. 동네 사람들의 신앙의 모범이 되어야 할 이 삼 형제 중 두 형제가 타락하였다. 첩을

두고 살고 술, 담배를 한다. 그럼에도 불구하고 수십 년 동안 문을 닫지 않고 소수의 교인이 예배를 드리고 있다. 아무리 어려워도 전도사님이 열심히 목회하시면 다시 회복될 것이다. 우리 몇 명 되지 않는 나머지 교인들도 열심히 충성할 것이니 실망하지 말라. 그분이 유일한 남자 집사로서 회계였다.

첫 주일 예배를 드렸다. 남자 한 명, 여자 네 명 그리고 학생들 서너 명이 전부였다. 나에게는 교인 수가 중요하지 않았다. 오갈 데 없는 내 신세에 아버지로부터 독립하여 여기에 이삿짐을 풀고 최초로 전도사라고 인정해 주는 교회에서 설교를 할 수 있는 것만으로도 감사할 뿐이다.

교인들의 눈망울을 바라보니 무엇인가 새로 온 젊은 전도사를 통하여 새로운 부흥의 불길이 솟아오르기를 간절히 바라는 것을 느낄 수 있었다.

얼마 지나지 않아 전임 전도사님이 우리 집을 방문하셨다. 그는 나보다 연세가 많으신 분이다. 나에게 "전도사님은 행복한 분입니다. 축복받은 분입니다"라고 말했다. 본인은 다윗처럼 성전 건축을 위하여 모든 준비를 완료하였으나 교회 건축을 시작하지는 못했다고 했다. 나보고 솔로몬처럼 성전 건축을 위한 준비가 완료한 것을 받아 위대한 건축을 하게 되어 부럽다고 하였다.

자초지종을 들어 보았다. 앞에서 언급한 것처럼 교회의 역사는 오래되지만 여러 가지 이유로 부흥하지 못하였다. 그럼에도 불구하고 자기가 목회하는 동안 주로 젊은이들을 중심으로 생동하는 교회로 변화가 일어났다. 성전 건축을 위하여 모든 재료를 다 구입해 놓았다. 이제 건축하고 나면 크게 부흥될 것이다. 이야기를 들으면서 감사한 마음이 일어났다. 나에게 알맞은 일거리를 하나님은 준비하신 것이다. 지금의 나는 무엇이든지 감사한 마음으로 일을 할 수 있다는 사실 하나만으로도 감사할 뿐이다.

그리하여 부임한 날부터 이미 준비해 놓은 건축자재로 작업을 시작하였다. 우리는 사택에서 살 수 없었다. 바로 옆집이 집사님의 댁이었다. 당분간 그 집사님 댁에서 살게 되었다. 건축 작업을 시작하였는데 이상한 일이 벌어졌다. 건축법상 현재의 건물을 유지한 채 건축해야 한다는 것이다. 지붕을 그대로 유지하면서 사방으로 그 지붕을 떠받쳐주는 기둥을 세웠다. 그 안에서 내부 공사부터 시작했다. 맨 나중에 지붕까지 완전히 개축하였다. 이런 과정에서 아내는 임신하였다. 배가 점점 불러오는데, 그 몸을 가지고 함께 건축 일을 도와주었다. 나와 젊은 청년들과 같이 시멘트를 섞고 먼지투성이 속에서 두 사람이 양쪽에서 손으로 붙잡고 모래를 흔들어대는 일도 하였다. 기술자 외에 허드렛일은 인건비를 줄이기 위해 교인들이 다 했다. 몇 개월의 작업으로 드디어 아름답고 안전한 성전을 이루어냈다.

아내는 산달이 되었다. 새벽 기도를 시작하기 전, 해산의 조짐이 나타났다. 자고 있던 나이 많은 여자 집사님에게 연락하였다. 급히 두세 명이 사택에 왔다. 산모는 첫 아이라서 겁도 나고 힘들어하고 있었다. 설상가상으로 도와준다고 온 집사님들은 사모님이라고 어려워하며 함부로 할 수 없다고 수동적인 태도를 취하였다. 진통이 심하다가 멈추기를 반복한다. 산모의 움직임을 보고 요령과 방법을 알려 주면서 도와주어야 하는데, 산모가 잠이 들면 같이 잠을 자고 산모가 소리를 지르면 눈을 떠서 쳐다본다. 무려 12시간이나 그런 식으로 보냈다. 너무 힘들어하므로 나는 자전거를 타고 무면허 의사를 찾아갔다. 병원에 간다는 것은 생각도 하지 못하였다. 나이 든 남자 조산원이 우리 집에 도착하였다. 곧장 옆으로 누워 있는 자세를 똑바로 누우라고 바로 잡았다. 두 여자 집사님도 뒤에서 산모를 잡아 주었다. 항문이 빠질 것 같으니 막아 달라고 소리쳤다. "네, 네." 쩔쩔매면서 막아 주었다. 그러자 죽을힘을 다해 애를 쓰니 순식간에 해산하게 되었다. 그런데 돌팔이 같은 조산원은 배 속에 또 아이가 있는 것 같다며 손을 집어넣고 한참이나 더듬었다. 아무것도 없었다. 산모만 더 땀을 흘리고 지쳐서 기진맥진했다. 그것 때문인지 방광에 문제가 생겼다. 아이는 나왔는데 오줌이 나오지 않아 고통을 당하였다. 걱정은 잠시였다.

그렇게 세상에 태어난 첫 딸이 우리에게 소망을 주고, 노후에 삶을 보장해 주는 효녀가 되었다. 우리의 태아에 대한 기도는 엘리야 선지자 같은 주의 종이 되게 해 달라는 것이었다. 그런데 아들이 아니라 딸이다. 그래서 그 이름을 '엘리'라고 부르고 한문으로는 '애리'(愛里)라고 호적에 올렸다. 세상 마을을 사랑하라는 뜻이다. 다음에 더 자세한 간증을 할 것이다.

칠석교회가 있는 그 마을은 국가 문화제라는 고싸움 본산지이다. 해마다 때가 되면 본격적인 고싸움 행사가 펼쳐진다. 두 패로 나누어

겨룬다. 승자는 승리의 기쁨을, 패자는 승자를 축하한다. 온 동네 사람들이 행사를 통하여 우리는 하나라는 것을 감격하며 확인한다. 그 마을은 고싸움 행사 외에는 자랑할만한 것이 없다. 그 교회의 상태는 안으로는 개척 멤버들의 타락으로 밖으로는 미신과 우상숭배로 말미암아 부흥하지 못한 것이다. 약 일 년 동안 나의 첫 목회는 그렇게 마감하였다. 소수의 낙심한 교인들과 같이 동고동락하면서 아름다운 성전을 건축한 것과 나의 첫 딸을 얻은 것, 이 두 가지가 지금까지 내게 남아 있는 추억이다. 그 후에 그곳은 광주시 칠석동으로 이름이 달라졌다.

성동교회

일 년이 하루처럼 지나갔다. 어느 날 고향 가까운 칠정교회에서 연락이 왔다. 마침 개척한 지 얼마 되지 않은 그 교회의 장로님이 나의 중학교 동창이었다. 그가 당회장과 상의하여 허락을 받았다. 그러나 나는 거리가 멀고 전화도 없어 당회장에게 사전에 인사를 하지 못한 상태였다. 그것이 화근이 되었는지 알 수 없지만 사실 지금도 잘 이해하지 못하고 있다. 정들자 이별이라고 첫 목회지에 심혈을 쏟아 부었으나 아쉬움 속에서 칠석교회를 떠나게 되었다. 그 장로님이 이삿짐을 가지러 내려왔다. 교인들은 눈물을 흘리면서 이삿짐을 실어 주었다. 우리는 갈 때는 두 사람이었으나 떠날 때는 세 식구가 되었다.

몇 시간을 차 안에서 장로님과 옛날 중학생 시절 이야기를 하면서 새로운 교회를 향하여 달려가고 있었다. 갑자기 장로님의 안색이 달라졌다. "전도사님 큰일 났습니다. 지금 우리 교회와 사택으로 들어갈 수가 없게 되었습니다." "아니 그게 무슨 말씀이에요?" "아 글쎄 당회장이 절대 들어갈 수가 없다고 하니 이걸 어쩌면 좋지요?" "아니 내가 물을 소리를 장로님이 하시네요." 만일 당회장의 허락 없이 들어간다고 하면 교회당 문을 아주 닫고 못을 처박아 버리겠다고 으름장을 놓은 것이다. 세상에, 세상 사람들도 이렇게는 하지 않을 것이다. 하물며 교회에서 이런 일이 있을 수가 있을까?

걱정과 불안 속에서 우리는 현지에 도착하였다. 세상 정치꾼들이 하는 행동이 오늘 나에게 일어난 것이다. 당회장의 사택에 찾아갔다. 처음엔 조심스럽게 자초지종을 물었다. 그분은 한마디로 자기의 허락 없이 감히 어디를 들어가느냐? 왜 사전에 인사도 없었느냐? 이런 이유로 나를 거부하였다. 아무리 설명해도 소용이 없었다.

그래서 나도 돌변하여 방바닥을 주먹으로 치면서 말했다. "이런 식으로 젊은 피가 끓고 장차 목회의 길을 걸어야 할 꽃봉오리를 꺾어 버릴 수가 있습니까?" 말했다. 그는 유명한 노회에서 법통이라는 별명을 가지고 있으며 나중에 총회장을 역임하신 분이다.

중간에서 매우 난감해하는 친구 장로님의 얼굴을 보니 그 역시 매우 당황해하고 있었다. 그는 중학교 시절에 몸집도 크고 운동을 잘해서 싸움도 잘했다. 규율부장도 지냈다. 그가 어떻게 신앙생활을 하고 장로가 되었는지 나는 전혀 모른다. 중학생 시절을 생각하면 지금의 그는 분명 예수 믿고 거친 성격이 온순한 양처럼 인격의 변화가

성동교회 사역 시절

일어난 것이다. 그래서 난 괜찮다고 오히려 그를 위로해 주었다. '이
제 이 이삿짐을 가지고 어디로 가야 할 것인가?' 고심 끝에 고향 집이
떠올랐다. 아닌 밤중에 홍두깨 격인 이런 날벼락 같은 상황에서 갈
곳은 고향 집뿐이었다. 다행히 고향 집이 가까운 거리에 있었다. 친구
는 미안하다고 하면서 고개를 들지 못하고 우리 집으로 방향을 바꾸
어 운전하였다.

그 몇 분 사이에 '아버지를 만나면 무엇이라고 말을 할까? 무슨
염치로 다시 들어간단 말인가?' 하는 생각과 내 신세가 기가 막히고
처량한 마음에 가슴을 치게 하였다. 나는 목회 초년생으로 왜 이렇게
출발부터 부당한 고통을 받아야 하는가? 세상이 원망스러웠다. 나중

에 알고 보니 연단의 과정이었다.

드디어 집에 도착하였다. 아버지는 어이가 없어서인지 입을 다물고 자리를 피하셨다. 못난 자식 같으니라고 생각하셨을 것이다. 나는 속으로 울면서 이삿짐을 건너 방에 대충 집어넣었다. 친구는 말없이 돌아갔다.

몇 개월을 다시 부모님을 모시고 살았다. 이번에도 아내는 주어진 상황을 받아들이고 부모님을 잘 모셨다. 부모님은 두 번째 우리와 살면서 아내의 아름다운 마음을 다시 확인하게 되었다. "며느리 다섯 중에서 가장 착하다. 딸 같이 마음이 순수하다. 어른을 잘 모신다"고 칭찬을 아끼지 않으셨다. 아내도 시어머니가 친정어머니 같다고 마음 편하게 대하였다.

목회를 계속하지 못하고 몇 개월이 지났다. 당회장에게서 갑자기 나에게 연락이 왔다. "그동안 미안하다. 새로운 교회가 나타났으니 가서 사역하라"고 했다. 나는 그 순간 서운한 마음을 잊어버리고 "네, 감사합니다. 가서 주의 일을 하겠습니다"라고 순종했다.

당시 교회의 미풍에 따라 집사님이 트럭을 끌고 우리 집에 도착하였다. 이삿짐을 옮겨 실었다. 아버지에게 큰절을 올렸다. 오랜 후에 믿음이 충만해진 아버지는 내 이름을 부르지 않고, 꼭 "임 목사님!"이라고 불러 주셨다.

아내와 등에 업은 딸과 셋이서 같은 차를 타고 새로운 교회를 향하여 달려갔다. 같은 군이고 면이 다른 장소였다. 성동교회였다. 원래 그 마을에는 침례교회가 있었다. 교인들이 분열이 일어났다. 침례교에서 반대하고 나온 교인들이 당회장의 교회의 도움을 받아 교회당을 건축하였다. 이름을 장로교로 만들고 노회에 가입한 상태였다. 왕 장로님이 공로자이다. 새로운 마을에 장로 교회당을 세우는 건축 작업을 다 해 내셨다. 그분은 이십 대에 지역에서 유명한 난봉꾼, 노름꾼, 술주정뱅이였다. 예수 믿고 구원받고 장로가 되어 고향 교회인 대선교회도 개척하여 교회당도 세우고 내가 가려다 가지 못한 칠정교회도 세우고 이번에 이사를 온 성동교회도 세우신 분이다. 그 두 아들도 목사가 되어 목포에서 성공적인 목회를 하였다.

건너 마을이 보였다. 교회에 도착하여 사방을 둘러보니 논밭을 지나 교회당은 동떨어진 곳인 야산에 외로이 그러나 한 폭의 그림같이 아름답게 지어져 있고, 계단을 따라 내려가면 사택이 있었다.

첫 주일 예배를 드렸다. 청소년을 포함하여 20여 명이 모였다. 두메산골에 살고 있는 순박한 농부들이었다. 두 명의 남자 집사님들이 일군이었다. 우리는 가족같이 지냈다. 새벽마다 종을 치는 여자 집사님이 있었다. 아직 새벽 기도가 적응되지 않아 힘들었다. 거의 매일같이 집사님이 뗑그렁뗑그렁하고 종을 약 150번을 쳐도 잠에서 깨어나지 못하였다. "전도사님, 전도사님, 시간이 되었습니다." 사택에 내려와서 우리를 부르셨다. 잠결에 부르는 소리를 듣고 겨우 일어나 부랴부랴 예배를 인도하러 올라갔다. 그러나 결석하거나 예배를 드리지 않은 날은 없다. 그 집사님은 얼마나 힘드셨을까! 지금 생각하면 부끄럽기도 하다. 그리고 고맙기도 하다. 철없는 우리를 인내심을 가지고 오늘의 우리를 만들어 주신 하나님의 사랑과 만남의 축복이 있다고 생각한다.

교인이 적고 할 일도 많지 않았다. 그것이 하나님의 은혜였다. 거기서 준목고시 시험공부를 하였다. 시간이 많고 생활 걱정 없고 마음에 여유도 생겼다. 그래서 준목고시 12과목, 그것은 신학교에서 배운 것을 거의 다 시험을 보는 것이고 가장 어려운 과목은 교단의 헌법 과목이다. 소문에 의하면 교수도 헌법 과목에서 낙방한다는 것이다. 일 년이 지나가면서 고시 날짜가 다가왔다. 시험을 치른 결과 11과목은 합격하였으나 한 과목이 과락되었다. 역시 헌법이었다. 다시 1년을 기다려야 한다. 이젠 헌법 과목이 부담되었다. 단지 한 과목 때문에 일 년을 기다려야 하고, 시험에 대한 부담감을 가져야 하는 것이 몹시 짜증나는 일이었다. 그럼에도 불구하고 이 모든 것이 훈련의 과정이고 이 연단이 인내심을 기르는 인격 훈련이었다. 스스로 위로하며 착실하게 시험 준비를 다시 시작하였다. 일 년을 조용히 공부하며 전도사 2년 차 목회를 하고 있었다.

동련교회

그때 앞서 언급한 당회장이 나를 소환하였다. 이번에는 다른 교회의 부교역자로 가면 좋겠다고 말씀하셨다. 동련교회이다. 담임목사는 총회장을 지내신 분이고 역사가 깊은 교회이다. 훌륭한 장로님도 몇 분이 계셨다. 그 장로님들도 노회에서 상당히 영향력을 행사하는 분들로 알려져 있었다.

감사한 마음으로 대답하였다. 교회당 안에 사택이 있고 전도사를 위한 사택도 별도로 있었다. 정들자 이별이라고 순박한 두메산골 교인들과 이제 막 정들고 피차 알아가고 있는 시점에서 아쉬운 이별을 하게 되었다. 이번에 부임하게 된 교회는 두메산골이 아니다. 도시에 근접해 있다. 농부도 있고 공무원도 있다. 도시에서 논밭을 지나 위치하고 있는 전통적 역사가 있는 교회이다. 거기서 또한 일 년간의 부교역자로서 당회가 무엇인지, 기존 교회와 개척교회의 다른 점도 익히게 되었다. 부교역자로서 할 일은 주로 청소년 주일학교와 심방 전도사로 담임목사님을 보조하는 역할이었다. 교회는 상당히 개방적이다. 교단의 신학과 행정에 철저히 따르는 교회였다. 나의 기본 신앙행태와 충돌이 나타나기도 하였다. 예를 들면 당회에서 나를 불러 놓고 새벽기도회에 대하여 질문을 한 적이 있다. 오랫동안 새벽기도회에서 소리 내어 기도하지 못하였다. 아주 적막이 흐르는 분위기였다. 목사님이 입장할 때는 마룻바닥이 쿵! 쿵! 쿵! 울려 퍼지는 소리 외에 아무것도 없다. 눈 감고 조용히 묵상하고 있다가 발자국 소리를 듣게 되면 목사님이 입장한다는 것을 알게 된다. 정확한 시간에 기도회를 마친다. 그러면 다시 적막이 흐른다. 장로님들은 직장 다니고 피곤하면 참석하지 않아도 괜찮은 것이 아니냐? 장로님들도 참석하지 않는다. 목사는 예배 후에 잠을 잘 수가 있으나 자기들은 직장에 출근해야 한다. 전도사는 어떻게 생각하느냐?

속으로는 아닙니다. 기도는 맘껏 통성 기도도 할 수 있고 묵상 기도도 할 수가 있습니다. 기도 없이 잠자는 교회가 부흥하겠습니까?

대답하고 있으나 겉으로는 감히 그 분위기를 보니 그렇게 대답을 할 수가 없었다.

청년회 모임에서도 술, 담배를 공공연히 하면서 전도사는 어떤 입장인지 시험하고자 하였다. 심방을 열심히 하는 편이고 언제나 사모님과 목사님과 셋이서 부지런히 심방을 다녔다. 목사님은 자세가 흐트러짐 없이 전형적인 유교문화에 익숙한 분처럼 보였다. 말씀으로 위로하고 진리를 전달하는 것처럼 보였다. 사모님은 교회 안에서 일어나는 일이나 교인들 개개인의 성품이나 가정 문제나 목사님의 가정에서 일어나는 일 등등 거침없이 이야기해 주었다. 많은 것을 보고 들으면서 배우고 익히는 시기였다.

한 가지 불편한 것이 있다. 우리는 전화가 없고 목사님 사택과 우리가 기거하는 집과 케이블로 연결되어 있어 나에게 전화가 오면 삐 소리가 나고 즉시 사택으로 달려가서 전화를 받는 일이었다. 시도 때도 없이 전화가 오면 목사님 가족들이 있는 자리에서 전화를 주고받는다는 것은 유쾌한 일은 아니었다. 그럼에도 불구하고 실업자로 아버지를 낙심하게 한 것을 생각하면 무조건 감사하는 생활을 하였다. 이런 와중에서 준목고시 합격통지서가 왔다. 헌법이라는 과목 때문에 일 년을 기다린 것이다. 드디어 내가 목사가 된다니!

기쁜 소식을 받자마자 깜짝 놀랄 일이 생겼다. 담임목사님이 나를 소환하여 말하기를 "이제 준목고시에 합격하였으니 단독 목회할 교회를 찾아보세요" 말씀하셨다. 우리 교회는 전도사는 오케이지만 부목사는 둘 수가 없는 형편이라는 이유였다. "네, 잘 알았습니다."

이 시기에 유일한 아들을 얻게 되었다. 첫 딸을 선물로 받은 지 이 년째 되는 날이다. 어머니께 미리 도와 달라고 요청하였고 해산 달이 다가오자 어머니가 오셨다. 첫 딸을 해산할 때 아내가 너무 고생을 많이 하였기 때문이다. 아내는 강인한 체력을 가지고 있다. 아버지의 건강한 몸과 마음이 늘 자랑스러운 것처럼 아내의 이해심 많고 건강한 삶은 늘 고마운 일이고, 이런 삶을 허락하신 하나님께 항상 감사한다.

해산하는 날이다. 교회당 안에는 장로님이 거주하였다. 그분은 노영재 장로님이시고 부인은 장근애 권사님이다. 어머니와 권사님 두 분이 조산원이었다. 첫 아이 때 분만을 도왔던 분들과 달리 두 분은 능숙한 산파였다. 두 분이 아내를 양쪽에서 붙잡고 감독이 코치를 하듯이 일일이 지휘 감독을 하셨다. 나도 뒤에서 허리를 붙잡고 조력자 역할을 하라는 대로 도와주었다. 힘을 쓰라고 하면 아내처럼 이를 악물고 힘을 썼다. 잠시 쉬라고 하면 나도 "후유!" 하면서 쉬었다. 심호흡을 하라고 하면 나도 아내와 동시에 심호흡을 하였다. 첫 딸은 12시간 만에 낳았다. 이번엔 4시간 만에 나왔다. 그 당시엔 사전에 아들인지 딸인지 알 수가 없었다. 아이가 딱 나오는데 보니 기다리던 아들이 어둠 속에서 열 달을 살다가 밝은 빛으로 튀어나왔다.

순간 "야! 내가 이 아들의 아버지이다. 세상 사람들아, 들으라! 아들이다. 아들이야!" 아내도 아이를 쳐다보더니 얼굴에 밝은 미소가 보이고 "아들이야!" 감탄의 눈물을 흘렸다. "여보, 수고했어. 고마워!"라고 나도 모르게 입이 터져 나오며 얼굴을 쓰다듬어 주었다. "어머니, 고맙습니다. 권사님, 고맙습니다." 어깨에 새 힘이 들어가고 온 세상을 다 얻은 것보다 더 큰 기쁨이 솟아났다.

나의 가난한 목회로 인하여 두 자녀를 병원에 가서 해산하지 못하고 집에서 자연분만한 것이다. 아내에게 늘 빚진 자의 심정이다. 다행히 그 여자로서 가장 고통이라는 해산을 집에서 할 수 있는 아내의 건강에 감사할 뿐이다. 그렇게 태어난 아들이 목사가 되었다. 집사님들과 청년들이 아들 턱을 내야 한다고 야단이다. 그래서 콜라 몇 박스를 내고 모두 담소를 나눈 적이 있다.

동련교회에서 부교역자로 일 년을 섬기는 동안 정기노회가 개최되었다. 노회에서 준목 인허가 통과되었다. 이제 청빙하는 교회만 생기면 목사 안수를 받을 수가 있다. 그런데 노회에서 전도사 만 3년이 되지 않으므로 허락을 할 수 없다고 발언하는 일부 노회원이 나타났다. 난 헌법을 잘 모르므로 가만히 있었다. 그 순간 법통이라 불리는 앞서 말한 당회장이 발언하였다. "나에게 어디서 몇 년, 어디서 몇 년 전도사로 사역을 하였지요?" "네 그렇습니다." "그럼 3년이네." 더 이상 아무도 이견을 말하지 않았다. 통과된 것이다. 사람은 이와 같이 주고받고 하며 살아가는 것이다(give and take). 이런 법적 절차가 다 이루어졌다. 남은 일은 새로운 교회를 찾아 안수를 받는 것이다.

삼성교회

지금은 군산시로 편입이 되었다. 그러나 그 당시에는 전북 옥구군

선연리 하제 마을이었다. 최근의 뉴스를 보면 미군기지가 있는데 부대 확장을 위하여 그 마을이 사라졌다. 600세대가 하루아침에 공중분해 되었다. 교회도 사라지고 교인들도 뿔뿔이 흩어졌다. 물론 교회는 보상을 받아 군산으로 이전하였다. 다만 정들었던 그 현장의 교회당이 사라졌다는 것이다. 교인들은 또한 서울로 흩어졌다니 아름다운 추억이 있는 나로서는 슬픔뿐이다.

전도사 3년에 목사 되기 위한 인턴과정을 마쳤다. 준목고시도 합격했다. 청빙하는 교회만 있으면 목사 안수를 받을 수 있는 것이 교단의 헌법이다. 하나님의 시간에 맞추어 부족한 나를 청빙하는 교회가 나타났다. 교회의 전임자는 입학 동기인 김용환이다. 친구를 통하지 않았는데 어렵지 않게 선배들의 추천과 도움으로 부임을 하였다.

마침 오래전부터 교회의 직분자들이 있었다. 그런데 내가 부임할 당시에 두 분의 장로님이 다른 교회에서 오셨다. 그 두 분의 장로님은 취임식을 하고 동시에 나는 목사 안수를 받았다. 많은 지인이 참석하여 축하해 주었다. 물론 부모 형제와 친척들도 힘찬 박수를 보내 주었다. 우리 집안에서 최초의 목사가 나온 것이다. 누구보다도 가장 기뻐하시는 분은 어머니이다. 하나님도 "너는 내 사랑하는 아들이다. 내가 너를 사랑하노라"라고 말씀하시고 천사들도 축제의 합창을 불렀다. 어머니의 감격의 눈물을 보는 순간 내 눈에도 눈물이 홍수처럼 흘렀다.

교회는 역사가 있는 교회였다. 그러나 겨우 30여 명이 모였다. 안수받고 당회장이 되었다. 두 분 장로님은 훌륭하신 목사님(고 이중표 목사)에게서 잘 훈련된 지도자였다. 당회에서 많은 것을 배웠다. 목회에 걸림돌이 아니라 소신껏 사역할 수 있도록 적극적으로 도와주었다. 설교에 많은 시간을 투자하여 준비하고 성령의 충만함을 위해 간절히 기도했다. 아내와 열심히 심방을 다녔다. 등에 아들을 업고 딸은 함께 손을 잡고 걸어 다녔다. 불신자의 집도 빠짐없이 축호 전도에 힘썼다. 농어촌이었다. 농업과 어업이 주요 직업이었다. 큰 염전도 있었고 장로님은 그 염전의 총책임자였다. 다른 장로님은 피조개를 가공하여 판매하는 공장을 차리고 전국으로 제일 맛있는 조개로 유명하여 판매하였다. 장로님들도 처음으로 장로 취임을 하였다. 그러므로 당회는 신선하였다. 항상 비전이 있다. 큰 그림을 그렸다. 교회는 대부흥이 일어나기 시작하였다.

난생처음으로 어부들을 만났다. 고기를 만선하여 돌아올 수 있는 적절한 시간이 있다. 새벽이고 밤늦게나 언제든지 고기잡이를 나간다. 뒷동산에 올라가 바다를 향하여 만선의 기대를 품고 수많은 나룻배가 줄을 지어 통통통 소리 내며 출항하는 광경을 바라보면 살아 있는 삶의 현장을 느낀다. 배 안에 가득히 고기를 잡는 날에는 웃음이 가득하다. 기대한 만큼 잡지 못해도 실망하지 않는다. 그들에게는 내일이 있기 때문이다.

가난해도 절약하여 저금을 한다. 목돈이 생기면 배를 제작한다. 어부들에게는 자신의 배를 소유한다는 것은 큰 성공이요 자부심이다. 새 자가용을 사는 것과 같다. 진수식을 거행한다. 과거에는 돼지머리를 놓고 천지신명님께 빌었다. 예수 믿고 구원 얻은 성도는 예배를 드린다. 온 교인이 참석하여 새로 만든 배 위에 올라간다. 큰 소리로 찬양을 한다. 메시지가 선포된다. 그리고 친교를 한다. 떡을 먹고 막걸리를 마신다. 불신자 이웃들도 참석한다. 온 마을의 경사이다.

때론 바다에 고기잡이를 나가 물고기 밥이 되는 경우도 있다. 보통 부부가 바다에 나간다. 남자는 살아 돌아오고 여자는 죽었다. 비참한 현실이다. 만 3년 동안 바다에서 죽고 질병으로 죽고 자연사로 죽어 가끔 장례식을 거행하였다.

말기 암으로 사투를 벌이는 교인을 심방 간다. 방 안에 들어가면 독한 냄새가 코를 찌른다. 아무렇지도 않다는 자세로 예배를 드린다. 눈물로 기도를 드린다. 거짓말처럼 독한 냄새가 사라진다. 예배를 마치고 일어선다. 환자는 나의 바지를 붙잡고 "목사님 살려 주세요"라며 애걸한다. 한참이나 아무 말도 못 한 채 멍하니 서 있는다. 그리고 스스로 손의 힘이 빠져 바지에서 손을 뗄 때까지 기다린다. 내 가슴이 무너진다.

결국 천국에 가셨다. 너무 가난하여 장례식을 할 수 없는 형편이다. 교회에서 모든 경비를 부담하여 마지막 천국 가는 길을 평안하게 가도록 힘썼다. 지금은 모든 것을 장의사가 처리한다. 그러나 그 당시에는 목사가 염을 해야 한다. 학교에서 배웠다. 장례식을 잘 거행하여 목회를 잘하는 목사도 있다. 나는 서툴게 하지만 마음은 최선을 다하였다. 그 가정이 그 사건으로 구원을 얻었다. 동네에서 불신자들도 그 사건을 보면서 부러워하고 나도 예수를 믿겠다고 나선 이도 있다.

임재덕이라는 분이 있었다. 술주정뱅이고, 또 알코올 중독자이다.

깡패 김익두와 비슷하다(김익두는 회개하고 목사가 된 한국 교회사에서 유명한 부흥사이다). 날이면 날마다 만취되어 길거리에 쓰러져 있다. 지나가는 사람마다 시비를 건다. 술을 사달라고 애걸한다. 싸움질을 한다. 거지 같이 사람 취급받지 못하는 인생이다. 그가 부흥회에 참석을 하였다. 강사와 내가 함께 특별히 붙잡고 안수 기도를 하였다. 신기하게도 즉시 술을 금하기 시작하였다. 아무리 먹고 싶어도 속에서 거부한다. 술을 끊고 회개하고 새사람이 되었다. 나중에 제직이 되었다. 서울로 이사를 가서 장로가 되었다. 그 한 사람의 개종으로 교회가 급성장하였다. 만 3년 만에 다섯 배로 교인 수가 증가하였다. 성령의 역사이다.

나는 막내딸 미리를 선물로 받았다. 지금 돌이켜 보니 첫째 딸은 전도사 1년 차에 성전 건축에 힘썼다고 주신 선물이다. 그래서 음악가인가? 유일무이한 아들은 준목 인허를 받았다고 주신 선물이다. 그래서 목사가 된 것인가? 막내딸은 담임목사로 충성을 다하였다고 주신 선물이다. 그래서 변호사가 된 것인가? 모두 미국에서. 심는 대로 거둔다.

막내의 출생은 위의 언니나 오빠와는 다르게 병원에서 출산하였다. 날 때부터 다른 축복을 받은 것 같다. 해산 달이 되었다. 마침 나는 연세대에서 목회자 세미나가 있어 출타 중이었다. 전화가 왔다. 막내가 출생하였다. 아들이냐 딸이냐 즉시 질문하니 힘없이 딸이다. 나도 모르게 맥이 풀리고 "으응 따〜알〜."

이 소리를 막내는 잊을만하면 농담으로 회상시키면서 같이 웃는다. 장로님과 권사님이 서둘러 병원으로 데리고 가서 입원시켰다. 군산에서 아주 좋은 병원이다. 물론 산모는 좋은 시설과 훌륭한 의사를 만나 순산하였다. 위의 두 자식과는 다르게 해산하게 되니 내 마음이 죄 사함을 받는 것처럼 홀가분해졌다. 이러한 경험은 나중에 선교지에서도 큰 위로가 되었다. 죽도록 충성하면 생명의 면류관을 받아 쓰리라는 말씀은 죽어서만 아니라 살아서도 이루어진다고 믿는다. 세상 사람들이 알지 못하는 면류관이다. 이렇게 목회의 보람과 즐거움을 느끼며 살고 있었다. 유치원을 설립하여 노동일에 손이 모자라 방치된 어린이를 돌보며 정부의 보조를 받아, 먹을 것도 무료로 주었다. 우리 아이들도 어린이집에서 동일한 학생으로 참가하였다.

그런데 맹모삼천지교(孟母三遷之敎)라는 말이 있다. 아이들이 자라면서 동네 친구들과 사귀며 놀면서 심한 욕설을 아무렇지도 않은 듯 퍼부었다. 사택 뒤에 공터가 있다. 거기에 조개껍질 쓰레기가 산더미처럼 쌓였다. 파리떼가 항상 들끓었다. 나는 목회에만 전념하고 조금도 불만이 없었다. 그러나 아내는 자녀 교육을 위해서 도시로 나가게 해달라고 기도하였다. 그 기도의 응답으로 대전으로 사역지를 이동하게 되었다.

대전大田

나는 원래 가난한 농부의 아들이다. 힘없는 민중이다. 언제나 사회적으로 멸시당한다. 사회 구조악의 희생양이다. 가난한 자, 병든 자, 죄악으로 고통받는 자이다. 그래서인지 체질적으로 민중을 사랑한다.

민중이 좋다. 자연스럽다. 농부가 좋다. 어부가 좋다. 주님도 갈릴리 촌사람들과 살았다. 가진 자, 권력을 쥔 자, 유식한 자와는 거리가 멀다. 바리새인 같은 위선적 인간, 사두개인 같은 기득권자를 거부한다. 그들은 현세의 승리자이다. 성공자이다. 따라서 미래가 필요 없다. 그들은 부활의 의미가 민중처럼 와닿지 않을 것이다.

　나도 예수의 제자로서 스승의 흉내라도 내야 하지 않을까? 민중을 사랑하고자 노력하였다. 하제 마을 형제들을 더욱 사랑하고 싶었다. 이것은 내 마음일 뿐 하나님의 계획은 달랐다. 드디어 대도시 대전, 한밭으로 우리 가정을 인도하셨다.

소망교회 개척

　전도사 3년, 목사 안수받고 담임 목사로 3년 도합 6년간의 목회 훈련을 시키신 하나님은 대도시 대전으로 인도하셨다. 소망교회를 개척하여 12년간 성도들을 섬기었다.

　1983년이다. 당시에 대전에는 한국기독교장로회 소속 교회가 몇 개 정도밖에 없었다. 기장교회가 없는 황무지 같은 상황이었다. 내가 기장교회를 개척할 당시에 갑자기 기장교회 간판을 걸고 개척하는 동역자들이 나타나기 시작하였다. 김진수, 이재영, 김종길, 김영각, 김형덕, 구홍회, 신종우, 정윤재 목사 등등 여기저기에 기장교회가 출발을 힘차게 한 시기였다. 개척자들은 불타는 열정으로 매주 월요일에 산 기도를 하였다. 영주기도원에 모였다. 마룻바닥에 빙 둘러앉아 예배를 드렸다. 각자 기도 제목을 놓고 합심하여 통성 기도를 하였다. 점심 식사하고 다시 높은 산에 올라갔다. 서로 소리쳐 기도한다. 멀리서도 동역자들의 기도 소리가 메아리쳐 들린다. 개척교회의 부흥을 위하여 소나무라도 붙잡고 뿌리째 뽑아낼 기세로 전심전력으로 간구한다. 시간이 지나면서 기장교회가 뿌리를 내리고 있었다.

소망교회는 소수의 집사님이 함께 개척 멤버로 출발하였다. 이층 상가를 세를 내었다. 물론 그 안에 방 한 칸과 부엌과 화장실을 만들었다. 방문을 열면 교회당이다. 이것이 몇 번째인가? 전도사 첫해에 칠석교회에 이어 두 번째이다.

언제나 개척 멤버는 아름다운 추억이 있다. 무에서 유를 창조하는 믿음으로 시작한다. 그리고 지도자들의 믿음만큼 교회는 성장한다. 부지런히 심방을 한다. 서로 가족 같은 분위기에서 부흥이 일어났다. 금상첨화 격으로 두 분의 장로님과 한 분의 집사님이 새로운 멤버가 되었다. 명실공히 당회가 구성되었다.

기존 개척 멤버와 새로운 멤버 사이에 약간의 갈등이 보이기 시작하였다. 처음 개척자들은 개척한 자체를 높이 평가하고 싶어 한다. 새로 온 멤버들의 믿음과 헌신이 눈에 띄게 앞서가면 기존 멤버들은 감사하고 더욱 합심하여 충성해야 하지만 시기, 질투한다. 그러나 하나님은 합력하여 선을 이루기를 원하신다. 교회를 이루어가시는 분인 하나님 앞에서 서로 이해하고 큰 그림을 그릴 줄 알아야 한다.

새로운 그룹인 두 장로님과 한 분 집사님을 중심으로 상가에서 다른 곳으로 이전하게 되었다. 유천동에서 비래동으로 옮겼다. 비탈진 땅을 사서 성전을 건축하였다. 당시에는 조립식 건물이 유행이었다. 김 집사님과 건축 사업가 모 장로님은 잘 아는 사이였다. 두 분이 중심이 되어 건축하게 되었다. 그해 겨울은 유달리 추웠다. 극심한 추위 속에서도 구 장로님은 곡괭이로 얼어붙어 돌짝 같은 땅을 팠다. 온 성도들이 기도하면서 작업장에 나와 일손을 도와주었다. 수개월 만에 공사가 완공되었다. 공사를 하는 동안 우리는 가양동에서 임시 거처를 삼고 살았다. 마치 칠석교회 당시처럼.

본당은 30여 평이다. 반지하에 사택을 지었다. 보일러실과 방 2칸과 부엌 및 화장실이다. 아이들은 이제 초등학교와 중학생이 되었다. 전국에 흩어져 사는 형제자매들이 행사가 있으면 방문하여 격려해 주기도 하였다.

마침 어느 주일 날 방문을 하여 예배를 드리기 위하여 준비 중이었다. 갑자기 몰아닥친 홍수로 난리가 났다. 1층에서 반지하로 내려가는 계단을 통하여 빗물이 넘쳐 사택 안으로 들어갔다. 삽시간에 집안 전체가 바다가 되어 버렸다. 모처럼 방문한 형제들과 교인들이 몸을 던져 급한 위기 상황을 이겨내었다. 형제들에게 미안하였다. 부끄럽기까지 하였다.

한국방송통신대학

소망교회를 개척한 지 일 년 후인 1984년도에 한국방송통신대학 영어과에 입학하였다. 사연은 이렇다. 때를 놓치면 고생을 더 한다.

지각생이 된다. 교단의 배려로 이미 목사가 되었다. 그러나 다시 대학 졸업장이 있어야 대학원도 갈 수 있다. 어느 날, 후배 목사님이 청주에서 대전까지 나를 방문하였다. 자기가 때를 놓쳐서 졸업장이 없었다. 그런데 새로운 길이 열렸다. 방통대를 입학할 수 있다. 그리고 졸업장으로 대학원도 갈 수 있다. 하나님이 보내 준 천사였다. 그는 뉴욕에서 목회하고 있다. 과거에 졸업한 고등학교 성적만 좋으면 가능하다. 그거야 자신 있지. 서둘러 입학 수속을 밟아 제출하였다. 합격통지서가 날아왔다. 포기했던 대학 졸업장을 취득할 수 있다니! 거의 통신으로 수업한다. 충남대학교가 방학하면 그 건물을 사용한다. 단기간 내 집중적으로 출석 수업을 한다. 5년간을 전체적인 회복의 시간으로 50여 일을 보낸 것 같았다. 늦깎이로 영미 문학을 공부하니 금방 젊은이가 된 기분이었다. 88올림픽이 마친 후 89년도에 가슴 벅찬 졸업장을 손에 거머쥐었다. 그리고 그 이듬해인 90년도에 한국신학대학원에 입학하였다. 학부 입학한 지 20년 만이다. 세미나에 신청하고 학업을 시작하였다. 이십 년 전 동창생이 해외 유학을 다녀온 이후 교수가 되어 나의 선생님이 되었다. 반갑기도 하고 부끄럽기도 하고 묘한 감정이 일어났다. 공부를 열심히 한 것은 사실이지만 목회 현장에서 바쁜 나의 상황을 상당히 배려해 준 것은 사실이다. 이렇게 어렵게 학위를 마친 것이 나중에 미국에서 박사학위를 하는 데 지대한 역할을 하였다. 졸업증명서는 아주 중요하다.

선교사 사역

소망교회 분열과 40일 금식 기도(40 Days and Nights of Fasting and Prayer)

두 장로와 한 분 집사가 개척자들과 갈등의 골이 깊어졌다. 개척자들이 나중에 멤버가 된 당회원과 갈등이 심화되었다. 결국 늦게 들어온 그룹이 교회를 떠나 새로운 교회를 개척하였다. 한밭교회이다. 교회가 분열되었다. 큰 시험과 위기를 당하였다. 주님의 몸이 병이 들어 심한 통증을 느끼기 시작하였다. 책임자로서 깊은 상처를 받았다. 십여 년간 모든 것을 다 바쳐 이룬 교회가 상처를 입어 나 자신도 탈진 상태에 빠졌다.

할렐루야기도원에 갔다. 20여 일간 금식 기도를 하였다. 주일은 대전까지 돌아와 예배를 인도하였다. 당시에 기도원은 초만원이었다. 목회자 중 장기 금식하는 이들이 많이 있었다. 혼자서 하기는 힘들다. 여러 사람이 함께하면 어렵지 않다. 목회자들은 삶에 공통점이 있다. 예배를 참석하고 혼자 조용히 기도한다. 시간이 나면 동료들과 대화를 나눈다.

21일부터 40일까지는 집에서 금식 기도를 계속하였다. 38일까지 잘 견디었다. 심방도 하고 제단을 지키었다. 막바지 이틀을 남기고 완전 죽음의 지경까지 도달하였다. 주위에서 멈추어야 한다고 충고하였다. 사십일을 채우면 교만해진다. 일부러 하루 앞두고 멈추는 경우도 있다고 야단이었다. 아니다. 난 완전히 죽어야 산다. 이틀 남기고 포기하면 지금까지 한 것이 억울하다. 마지막 날까지 이를 악물 힘도 없이 거의 송장이 된 채 마쳤다. 물건들이 두 개로 희미하게 보였다. 화장실도 자녀들이 부축하여 갔다. 순간 나도 모르게 아들을 끌어안고 엉엉 함께 소리쳐 울었다.

"아들아, 너도 이 험한 길을 가겠다니!" 딸들도 아내도 동시다발로 통곡하였다. 그 아들도 나와 비슷한 나이가 되어 미국에서 개척교회를 시작하면서 40일 금식 기도를 하였다. 부전자전인가?

아내가 곤욕스러움을 참고 관장을 해 주었다. 숙변 때문에 문제가 생겼다. 동치미를 마시고 알려진 보편적 방법으로 잘 마무리를 하려고 애를 썼다. 그럼에도 불구하고 변이 돌멩이같이 단단하였다. 아내는 눈물을 흘리며 항문 입구를 가로막고 있는 고약한 변을 도구를 사용하여 파냈다. '부잣집 따님이 이렇게 험한 일을 하다니!' 나는 아내에게 너무나 미안하고 안쓰럽기도 하였다.

40일 금식하면 40일 보호식을 해야 한다. 아내의 정성으로 영양가 있는 미음을 먹기 시작하였다. 그 맛은 영원히 잊을 수 없는 꿀맛이었다. 지금도 그 당시에 먹었던 음식과 비슷한 것을 먹게 되면 맛이 새롭다. 정상 회복이 되었다. 교회는 평안해졌다.

결혼 45 주년 기념일
01/03/2021

　한가지 주의 사항이 있다. 금식을 마치고 보호식을 할 때 일어난 사건이다. 시간이 무료하여 책장 정리를 하였다. 여러 책을 들어 자리를 변경하였다. 주로 왼손에 책을 잡는 시간이 많았다. 오른손으로 왼손에 있는 책을 들어 옮겼다. 그 후유증으로 오랫동안 왼손으로 책만 만지면 알러지 증상이 나타났다. 즉, 연약해진 왼손으로 너무 무리한 움직임을 한 영향이 나타난 것이다. 금식한 이후는 마치 어린아이가 막 탄생한 것과 같다. 병이 발생하면 그 연약해진 육체의 부분은 항상 어린애 다루듯 조심해야 한다.

　소문이 났다. 교회들이 부흥회를 인도해 달라고 초청장이 쇄도하였다. 처음으로 윤종수 목사가 초청하였다. 윤 목사는 춘포교회 역사에서 교회를 크게 부흥시킨 훌륭한 분이었다. 나중에 전주 시천교회로 영전하였다. 그는 내가 선교사로 사역하는 동안 오랫동안 후원해 주었다. 지금은 총회 파송 네팔 주재 선교사이다. 그 이후에 소문이 나서 나는 수 개 교회 부흥회를 인도하였다.

개척하여 약 12년 동안 온 힘을 기울인 소망교회를 사임하고 선교사로 출발하게 되었다. 후임자는 피땀 흘려 건축한 교회당을 다른 교파의 교회에 매각하고 정반대 방향으로 먼 거리로 옮겨 새로 건축하였다. 교인들이 뿔뿔이 헤어졌다. 경제적으로 무리하게 성전 건축을 하고 교인들은 감소하여 다시 다른 교회에 매각하였다. 시골 교회로 전임하였다. 그래서 고국에서 온 맘과 몸과 정성을 다하여 섬기던 군산 삼성교회와 대전 소망교회는 사라졌다. 흔적도 없다. 왜 그럴까? 아마 이 땅에서 이루어낸 것에 미련을 두지 말라. 자랑하지 말라. 선교지에 가서도 이 사건을 기억하여 항상 겸손하게 빈 마음으로 사역하라는 메시지였다.

선교지 코스타리카(Costa Rica Mission)

바울선교회 본부에 처음엔 선교지를 결정할 때 아르헨티나로 가기로 약속하였다. 95년도 말에 답사를 갔다. 필리핀 훈련을 마치자마자 가족은 고국으로 돌아왔다. 나 혼자서 선교지 답사를 하기 위하여 출국하였다. 한국에서 남미의 제일 아래에 있는 그 나라는 정반대에 위치한다. 우스갯소리로 한국의 땅을 파고 들어가면 아르헨티나가 나온다고 한다. 비행기를 몇 번이나 갈아타야 한다. 장시간의 탑승 시간으로 아주 피곤한 여행을 하였다. 공항에 도착하니 선배 선교사인 임

형만 평신도 선교사가 마중을 나왔다. 그의 친절한 안내를 받아 이미 오랫동안 선교를 해 오는 한국인 선교사들을 만났다.

당시에 한인 교포가 수만 명이 살고 있었다. 한인 교회가 33개라고 말해 주었다. 선교사도 수십 명이 있었다. 매일 선교 현장을 찾아 선배 선교사들의 사역을 둘러보고 듣고 함께 사역하게 되어 반갑다고 인사를 나누고 대담을 하였다. 수도 부에노스 아이레스의 명승지를 관광도 하였다. 특이한 것은 도로가 시멘트 포장이 아니라 벽돌로 바닥을 깔아 놓은 것이다. 평평하지 않고 바닥이 들쑥날쑥하다. 아무렇지도 않다고 하였다.

그해 겨울은 몹시 추웠다. 눈도 내리지 않는 겨울이라는데 혹한에 고생을 많이 하였다. 낮 밤 가릴 것 없이 뼛속까지 쑤시고 아파서 밤엔 잠을 잘 수가 없었다. 특히 왼쪽 무릎의 통증은 칼로 쑤시는 것처럼 견디기 힘들었다. 독감에 걸려 거의 한 달 정도 기침을 하며 목구멍에 심한 통증을 느꼈다.

Carne Asada(소고기 요리)

선교사는 마당에 있는 고기 굽는 기구에서 손수 소고기를 구웠다. 굴뚝으로 연기가 나가게 하고 장작불을 지펴 고기를 굽는 솜씨가 능숙한 요리사였다. 소는 방목을 하기 때문에 부드럽고 영양가가 많다고 하였다. 소금을 적당히 쳐서 구워 가면서 즉석에서 먹었다. 태어나서 소고기가 그렇게 맛있는 것이라는 것을 처음 알았다. 배가 터지도록 먹었다. 너무 맛있어서 싫증이 나지 않았다. 젓가락을 놓기 싫었다. 27년이 지난 지금도 생각만 하면 침이 꿀꺽 넘어간다.

모든 답사 일정을 마치고 헤어지기 전 마지막 밤이 되었다. 가족과 같이 예배를 드렸다. 그런데 언어 연수를 하려면 코스타리카에 가서 공부하는 것이 바람직할 것이라고 말을 하였다. 그 말이 잘못된 것이었다. 차라리 그렇게 말하지 말고 그냥 아르헨티나에서 공부하라고 말을 했어야 했다. 그러나 이 모든 일이 하나님의 계획하에 있었던 것이다.

Instituto de Lengua Española(Spanish Language Institute)

1996년 12월 8일 우리 가족 다섯 식구는 코스타리카에 도착하였다. 1년간 언어 연수를 하기 위하여 이민 가방을 들고 갔다. 다섯 식구가 가방 10개에 최대한 많이 넣을 수 있는 만큼 집어넣었다. 누가 보아도 한 살림이 된다. 지혜로운 선교사들은 미리 배로 보냈다. 현지에 가도 일상생활에 필요한 것은 마찬가지이기 때문이다. 반드시 가지고 가야 할 것이 많이 있기 때문이다. 미처 그런 것을 생각하거나 알아보지도 않았다. 선교사는 다 버리고 가방 하나 들고 가야 한다고 생각하였다. 방 한 칸에 가득한 오래 간직한 귀중한 서적들을 다 지인들에게 주었다. 손때 묻은 책상도 주었다. 정들었던 가구들도 남에게 다 주었다. 심지어 목사 가운까지 주었다. 지금까지 살아오면서 '언제나 움켜 주지 말고 손을 펴서 남에게 주어야 한다. 베풀어라'를 실천하면서 지내 왔다. 모자라지도 않고 남지도 않는다는 만나와 메추라기 진리를 깨달았다.

평생 수십 번 이삿짐을 꾸렸다. 우리 내외는 이삿짐센터를 운영해도 잘할 수 있을 것이다. 공수래공수거(空手來空手去)는 장례식에서만 사용하는 말이 아니라 실제 삶 속에 적용되는 명언이다.

공항에 소위 big brother가 마중 나왔다. 언어 학교의 학생으로 선배 미국인 선교사이다. 학교는 합리적으로 체계 있게 운영하고 있었다. 벌써 100년의 역사를 가진 미국인 선교사들이 중남미 스페인어권으로 파송 받은 선교사를 위해 설립한 학교이다. 선교 파송 제1위를 유지하고 있는 미국의 선교 역사는 언제나 선구자적이다. 지금도 교장은 미국인 여자 싱글 선교사이다. 그녀는 명문가 출신으로 키가 아주 크다. 얼굴에는 항상 미소를 짓고 학교를 다른 이사진들과 운영하면서 동시에 여자 교도소 선교를 하고 있다. 지성적이며 학생들을 사랑하며 섬긴다.

선생들은 대부분 현지인들이다. 대학 졸업자들이다. 오랫동안 외국인을 상대로 언어를 가르쳐 온 풍부한 경험을 가진 자들이다. 그래서 중남미에서 가장 우수한 언어 학교라는 평가를 받고 있다.

수업은 이렇게 한다. 학생 다섯 명씩 하나의 그룹이 된다. 우리가 선택하는 것이 아니다. 선생들이 만든다. 나는 미국인 여자 선교사 3명, 남자 1명 그리고 나를 포함하여 한 조가 되었다. 아내는 다른 그룹으로 편성되어 난생처음으로 떨어졌다. 선생이 학생들을 찾아와서 수업하지 않는다. 선생은 각자 자신의 교실에 있다. 학생 다섯 명이 선생의 교실을 찾아간다. 시작하는 시간과 마치는 시간을 정확하게 준수해야 한다. 안되면 다음 시간에 수업할 학생 그룹은 교실 밖에서 기다려야 한다. 같은 그룹이 된 학생들은 학기가 마칠 때까지 단번에 친구가 된다.

루까스와 빠멜라(Lucas and Pamela)

수업 첫 시간에 일어난 사건이다. 선생은 학생들의 이름을 확인하였다. 내 이름 락길을 발음하기가 쉽지 않았다. "라~아~기~일" 더듬거리더니 갑자기 손가락을 딱 튕기면서 "루까스"라고 외쳤다. 이 시간부터 스페인어로 루까스라고 부르면 어떻겠느냐? 양해를 구하였다. 영어는 Luke이다. 한국어는 누가이다. 누가복음의 저자이다. 의사로 바울의 주치의였다. 사도행전의 저자이기도 하다. 내가 하루아침에 선교사 누가가 된 것이다. 감사합니다. 의사도 아니고 책을 쓸만한 실력도 없으나 그렇게 훌륭한 예수 그리스도의 제자의 이름을 사용할 수 있다니! '힘을 다하여 누가처럼 사는 루까스가 되겠습니다.' 마음속으로 다짐하였다. 이 이야기를 바울선교회 회지에 "루까스가 된 사연"이라는 제목으로 간증을 한 적이 있다. 그로부터 약 24년 만에 미국 시민권자가 될 때 우리 내외는 법적 이름으로 Lucas와 Pamela라고 이름을 변경하였다(legal name change).

언어 학교가 있는 마을은 학교 때문에 경제적인 이익을 얻고 있다. 그치지 않는 외국인 학생들이 하숙하든지 세를 내어 살기 때문이다.

학생들은 마지막 학기에는 현장에 나가 현지인을 만나서 언어 실습을 하는 과정이 있다. FARO라고 불린다. 같은 질문을 가지고 15명 이상을 만나서 생활 언어를 실습한다. 현장 경험 이후에 보고한다. 현지인을 만나서 서투른 발음으로 어린이처럼 언어습득을 하게 한다. 아주 효과적인 방법이다. 두려움이 사라진다. 자신감이 넘치게 된다. 우수한 언어 학교의 교육으로 일 년만 공부해도 대화가 가능해진다. 현지인도 깜짝 놀란다.

특히 미국에서 젊은이들은 이곳에 와서 한 달간 집중코스로 공부하기도 한다. 초급, 중급, 고급반으로 나눈다. 고급반의 학생은 거의 현지인과 다름없는 실력자가 된다.

미국 선교사들은 어려서부터 자율학습, 대화나 토론하는 교육을 받은 까닭에 발표를 잘하고 말을 잘한다. 우리 한국인은 문법을 잘 이해한다. 그러나 상대적으로 표현을 자연스럽게 하지 못하는 문화이다. 사실 언어는 말을 하는 것이 중요하다. 문법에 신경 쓰고 틀리게 말하는 것을 두려워하는 것은 좋은 것은 아니다. 틀려도 일단 말을 해야 한다. 말을 잘하면 문법도 정확하게 맞추어 나갈 수가 있다.

미국 선교본부의 행정력은 앞서가고 있다. 학생들을 찾아와서 직접 성적을 확인한다. 선배 선교사들이 시험을 주관한다. 학생들은 학교에서의 시험보다 본부에서 주관하는 시험을 더 걱정한다. 시험을 통과하지 못하는 학생은 재시험을 보아야 한다. 끝까지 실력이 저조하면 선교사 자격이 박탈될 수도 있다. 동료 미국인 선교사는 학기 말이 되면 어마어마한 스트레스를 받는다. 우리에게 기도를 부탁할 정도이다. 우리도 물론 성적표를 본부에 보내기도 한다. 이와 같이 선교사는 언어, 영성, 생활을 철저히 지도받아야 한다.

드디어 졸업하게 되었다. 교장은 우리 내외에게 아낌없는 칭찬을 해 주었다. 나이도 많은데 중도 탈락하지 않고 우수한 성적으로 졸업하게 되었다고, 수고했다고 축하의 말을 해 주었다. 종종 젊은 한국인 선교사들이 중도 포기를 하였기 때문이다.

선교지 변경

언어 연수를 마쳤다. 이제 선교지인 아르헨티나로 떠나야 한다. 두 가지 이유로 코스타리카로 변경해 달라고 본부에 요청하였다. 하나는 아르헨티나는 물가가 너무 비싸다. 현재 후원금으로는 살기도 힘들다. 또 다른 하나는 자녀 교육 문제이다. 자녀들은 필리핀에서 일 년을, 여기서도 일 년을 정규 과정의 학교에 다니지 못하였다. 본부에서는 우리의 상황을 이해하고 변경을 허락해 주었다.

Paul Mission(바울선교회)

전주 안디옥교회가 있다. 일명 깡통 교회이다. 이동휘 목사님이 회장이시다. 지금은 대표이사로 섬기고 있다. 선교회는 믿음 선교(Faith mission)를 모토로 삼고 있다. 허드슨 테일러의 믿음 선교는 아주 성서적이다. 돈 선교가 아니다. 선교회는 선교사 후보생을 철저히 훈련시킨다. 선교회의 7대 정신이 있다. "절대 구원의 확신, 절대 소명, 절대 기도, 절대 감사, 절대 복종, 절대 헌신, 절대 사랑"이다. 국내 훈련은 6개월, 해외 훈련(필리핀 Missionary Orientation Center) 8개월을 받아야 한다. 국내 훈련은 여러 곳에 투입된다. 한 마디로 영성 훈련이다.

해외 훈련은 마닐라에 있는 바울선교회 선교사 훈련센터에서 공동체 훈련이다. 자녀들을 포함한 온 가족이 함께 동고동락한다. 영어, 경건, 초문화 훈련을 받는다.

선교에 대한 혜안을 가지신 회장을 비롯한 이사들의 기도와 헌신으로 모범 선교 단체로 선정되기도 하였다. 2021년 8월 기준으로 전 세계 92개국에 498명의 선교사를 파송하였다.

나의 일생에 이렇게 훌륭한 선교 단체에 소속한 선교사가 된 것은 영광이요 오직 감사하는 마음뿐이다. 강인한 훈련을 받은 군인은 전쟁터에 나가 승리할 수 있다. 전신 갑주를 입은 선교사는 영적 전쟁에서 패배하지 않는다. IMF를 당하여 경제적으로 어려움을 겪을 때 많은 선교사가 귀국하였다. 그러나 바울 선교사들은 선교지를 지켰다. 나도 방세를 절약하기 위해 이사를 하였다. 국내외 훈련받은 14개월의 그때 그 시간이 나의 평생에 지대한 영향을 끼치고 있다.

공원 전도(Zona Roja), 거리 가족 전도

전도는 이론도 중요하지만 실천하는 것이 더 중요하다. 사람들을 찾아가서 만나면 구령열이 불타오른다. 효과적인 전도 방법도 터득하게 된다. 초기에는 사람들이 많이 모이는 공원에 가서 전도하였다. 외국인은 항상 조심해야 한다. 공격의 표적이 된다. 차츰 자신감이 생기고 언어가 편리해진다. 노방 전도, 축호 전도도 하게 된다.

주말이 되면 자녀들도 동행한다. 2개 조로 나눈다. 주로 두 딸은 나와 함께 떠나고 아들은 엄마와 함께한다. 자녀들은 학교 다니느라 바쁘고 피곤하다. 그러나 부모의 선교 동역자로서 함께하는 것을 싫어하지 않고 순종한다.

아내는 평일에도 매일 전도에 열심을 다 하였다. 혼자서 공원에 버스를 타고 간다. 하혈을 하고 무더운 더위 속에서 몸의 상태가 좋지 않아도 다녔다. 오직 주님의 복음을 전한다는 한 가지 믿음으로 다녔다. 본부에서 홈커밍 수련회를 가졌다. 모든 선교사 앞에서 전도의 모범을 보이는 선교사로 선발되어 간증 및 강의를 한 적도 있다.

산호세 한복판에 소위 Zona Roja(위험 지역)이 있다. 홈리스들이 즐비하다. 알코올 중독자들이 득실거린다. 때론 살인사건이 일어난다. 강도 및 강간 사건이 터지는 곳이다. 현지인들도 그 거리를 피하여 지나간다. 우리 가족은 그곳이 전도의 황금어장이라고 생각하고 나섰다.

큰딸은 키보드, 아들은 기타, 막내는 플루트를 동원한다. 우리 내외는 찬양을 부른다. 영어와 스페인어와 한국어로 부른다. 나는 간단히 설교를 한다. 영접 기도로 마친다. 간식을 나누어 준다. 이러한 경험은 나중에 전국 교회를 순회하면서 부흥회를 인도하기에 좋은 경험이 되었다. 하나님은 언제나 오늘의 삶이 미래를 위해 무의미한 것은 없다는 것을 깨닫게 하신다. 지금 여기 오늘을 충실하게 살아가야 하는 이유이다.

알코올 중독자 갱생원 설교

현지인이 운영하는 알코올 중독자 갱생원이 산호세에 있다. 겉보기에는 일반 가정집처럼 보인다. 외부와 차단되어 대문은 굳게 잠겨 있다. 안으로 들어가니 좁은 방에 침대가 이층으로 6명이 잠을 잘 수 있도록 되어 있다. 수십 명의 남자들이 공동체 생활을 한다. 일단 중독자가 들어 오면 격리시킨다. 일주일이나 열흘 정도 술을 끊도록 금식을 시킨다. 그 과정을 통과하지 못하는 자는 탈락하여 다시 세상으로 나간다. 합격한 자는 숙식을 무료로 제공한다. 날마다 예배를 드린다. 차츰 적응하는 형제에게 직업 기술을 가르친다. 주로 목공 기술이다. 끝까지 훈련받은 자는 새사람이 된다. 가정으로 돌아간다. 사회의 건강한 일원이 된다.

그런 형제는 20프로 미만이다. 중독은 일종의 정신병이다. 마음과 정신이 병든 자는 아무리 환경을 개선해 주어도 회복되기 어렵다. 말씀으로 영적인 치유가 필요하다. 전문성이 있는 지식과 경험이 중요하다.

홈리스로 오랫동안 가정을 떠난 형제를 만났다. 내 차에 싣고 갱생원에 인계해 주었다. 내 차 안에 잠깐 몇 분 동안 앉아 있었다. 코를

인디언 선교

찌르는 악취가 며칠이 지나도 사라지지 않았다. 긍휼한 마음으로 새 사람이 되라고 갱생원에 보냈으나 다시 밖으로 나왔다. 가정에서는 이미 포기한 상태였다.

병든 자를 치료하는 것은 상당한 인내심이 필요하다. 거의 일 년 동안 갱생원에 가서 설교하였다. 주로 목요일 밤이다. 우기에는 엄청난 소나기가 지나간다. 운전하기도 시야를 가리므로 아주 힘이 든다. 아무리 방해물이 많아도 한 번 약속한 것은 철저히 지키었다. 운영 책임자와 신뢰를 구축하였다.

인디언 선교

코스타리카에 당시에는 인디언이 약 1만 명이 살고 있었다. 이미 인디언을 상대로 선교하는 한국인 선교사가 있었다. 인디언은 부족에 따라 높은 산에 살기도 하고 해발 제로인 해안가에서 살기도 한다.

산에서 사는 인디언은 해와 달을 벗 삼아 살고 산이 높을수록 하늘이 가깝다고 생각한다. 그들의 신은 하늘이요 해요 달이다. 전깃불도 없다. 맨발로 걸어 다닌다. 그들의 발바닥은 구두보다 더 단단하다. 그들은 사냥하며 산다. 돼지, 닭, 말, 소 등 동물들이 가족이다. 현대 문명을 거부한다. 우리는 시대에 뒤처진 인간들이라고 생각한다. 그러나 그들의 세계에는 우리가 알 수 없는 평화와 순결함이 있다.

나는 주로 해안에 살고 있는 부족에게 전도를 다녔다. 현지인 가운데 인디언 선교를 하고 있는 목사와 동역하였다. 내가 할 수 있는 사역은 구제품을 전달하고 기회를 주면 설교를 하는 것이었다.

제임스 하이매 박사

재임스는 영어이고 스페인어로는 하이매라고 부른다. 한국어는 야고보이다. 하이매는 독일 유학 출신 박사이다. 채수일 박사와 함께 유학 생활을 하였다. 채 박사는 나와 한신대 입학 동기이다. 독일에서 학위를 마친 후 한신대 총장을 지내고 경동교회 담임목사로 목회하다가 이번에 은퇴하였다. 채 박사가 하이매를 소개해 주었다. 하이매는 선교지에 국립 신학대가 두 개 정도 있는데 그중의 하나로 가장 진보적인 신학대 총장이었다. 하이매는 지성인이며 겸손하며 행동하는 실천인이다. 나의 설교 원고를 정정해 주기도 하였다. 그와 동행하여 인디언을 찾아 선교하였다. 하루 종일 버스를 탄다. 황혼이 지기 전, 도착한다. 허술한 작업복을 입은 그와 구제품을 등에 지고 몇 킬로를 걸어갔다. 온몸이 땀으로 흠씬 젖었다. 거기서 다시 강을 건너야 한다. 나룻배를 타고 건넜다. 나는 수영을 잘하지 못한다. 강물에 대한 두려움과 공포가 생겼다. 일행은 콧노래를 부른다. 삽시간에 강을 건너 육지에 도착한다. 내릴 때도 나는 조심조심 벌벌 떨면서 내렸다. 내려서 다시 정글 지대를 통과한다. 진흙탕을 지나야 한다. 장화를 신고 통과한다. 한 발자국을 디디면 다른 발이 흙탕 속에서 빠져나오지 않는다. 안간힘을 다하여 겨우 발을 바꾼다. 그때 이 찬송이 스쳐 지나간다.

서쪽 하늘 붉은 노을 언덕 위에 비치누나……
한 발자국 두 발자국 걸어가는 자국마다 땀과 눈물 붉은 피가 가득하게 고였구나(158장).

무거운 구제품에 눌리고 발은 맘대로 움직이지 않지만 그럼에도 불구하고 불쌍한 인디언을 몸과 맘으로 생각하니 땀과 눈물이 뒤범벅되었다. 이 작은 나에게도 주님이 걸어가신 고통의 십자가의 길을 흉내라도 낼 수 있음에 감사한 마음뿐이었다. 울며 웃으며 정글을 통과하다 보니 기진맥진 상태가 되었다. 우여곡절 끝에 목적지에 도착하였다. 상당히 높은 야산에 수백 명의 인디언이 어린아이 포함하여 운집해 있었다. 그들은 우리 일행을 몇 시간이나 기다리고 있었다.

하이매는 간단히 설교하고 나는 찬양과 간증을 하였다. 구제품을 나누어 주었다. 그 와중에도 한 인디언 형제가 다가와서 하는 말이

"구제품을 우리가 보는 앞에서 일일이 나누어 주어야 한다. 그렇지 않으면 그들의 지도자가 공평하게 나누어 주지 않는다"고 귀띔해 주었다. '아니 이렇게 순박한 공동체에도 다른 세상과 같은 순수하지 못한 자가 있다니!'

이런 경우도 있었다. 인디언 교회 원주민 목사에게 말을 한 마리 선물로 사 주었다. 그들에게 말은 훌륭한 교통수단이다. 원활한 사역을 위하여 말이 필요하다. 나중에 알고 보니 많은 선교사를 상대로 이익을 추구하는 자였다. 선교사는 이런 사람을 구분해 내는 지혜가 필요하다. 그럼에도 불구하고 그의 아들을 양자로 삼았다.

우리 집으로 데려왔다. 넉넉한 환경은 아니지만 순수한 마음으로 인물을 키우는 것은 가치 있는 사역이라고 생각하였다. 아들과 같은 방을 사용하도록 배려해 주었다. 학교에 다닐 수 있도록 입학 수속을 다 마쳤다. 선배 선교사들이 그렇게 단순한 것이 아니라고 충고해 주었다.

아닌 게 아니라 그는 적응하지 못하고 자기 집으로 돌아갔다. 문화 충격을 받았을 것이다. 맨발로 살아 온 아이가 운동화를 신고 다닌다는 것, 맘껏 맑은 공기를 마시며 뛰어다니던 아이가 도시 한 복판에 갇힌 삶을 산다는 것, 외국인과 함께 산다는 것, 한두 가지가 아닐 것이다. 마음뿐이지 현실이 뒷받침해주지 못하는 아쉬움만 남기고 다시 원위치해 주었다.

대법원장과 성경공부

잠시 동안 도시에 있는 현지인 교회에 출석하였다. 담임목사는 신학교 교수였다. 교계에서 유명 인사였다. 설교 원고를 정정해 주었다. 집에서 걸어서 다녔다. 아직 나는 자가용이 없었다. 그 목사와 매주 목요일 아침에 대법원장을 만나서 성경공부를 하게 되었다. 그 목사는 자신의 자가용을 운전하여 나를 데리고 갔다. 대법원장 사무실에서 요한복음을 같이 읽고 토론하였다. 스페인어는 아직 서툴지만, 성경 해석이나 신학적 견해는 그들보다 내가 더 앞서 있었다. 나는 한국인으로서 한국교회의 부흥의 비결을 자랑스럽게 설명하곤 하였다.

그 대법원장의 알선으로 대통령도 만난 적이 있다. 대통령은 더운 날씨에 편리한 하얀 남방을 입고 있었다. 동네 아저씨처럼 친절하고 악수하자마자 어깨동무하며 사진을 찍자고 거침없이 말을 하였다. 자기 나라를 위해 수고하는 선교사라고 환영해 주었다. 나라의 복음화를 위하여 더욱 수고해 달라는 말도 해 주었다.

야간 신학교

이즈음에 자가용을 구입하였다. 한인 집사님이 사용하던 중고차를 적정가를 지불하고 구입하였다. 일제 닛산 블루버드는 아주 성능이 좋은 차였다. 선교지를 떠날 때까지 수년간 문제없이 사용하였다. 떠나올 때 현지인 교회에 기증하였다.

야간에 자가용을 구입하기 전까지 걸어서 신학교를 다녔다. 우기에는 날마다 비가 쏟아진다. 우비를 입고 비를 맞으며 어두운 밤중에 걸어 다녔다. 목적은 신학교를 다니는 현지인 목회자들을 만남이었다. 언어도 배워야 하지만 친구를 사귀는 것이 더 중요하다. 그 나라 교회 지도자들의 실력이나 인품을 알아야 한다. 계속 설교 원고를 정정 받기도 하였다. 나중에 차를 구입하니 다니기가 아주 용이하였다.

코스타리카 성서교회협회(AIBC: Asociación de Iglesias Bíblicas Costarricenses)

코스타리카 성서교회협회라는 교단은 그 나라에서 세 번째 큰 자생적 교단이다. 교단장은 루이스라고 부른다. 대학을 졸업한 지성인이요 능력 있는 행정가이다. 나와 동갑내기이다. 루까스라고 불리는 나와 이름도 비슷하고 나이도 동갑이고 성격도 유사하다. 우리는 좋은 선교 동역자가 되었다.

어느 날 루이스와 함께 그의 어머니가 사는 시골에 있는 집을 아내와 방문한 적이 있다. 융숭한 대접을 받았다. 아내는 기회는 이때이다고 생각하여 어머니에게 복음 제시를 열심히 하였다. 영접 기도도 하였다. 루이스는 이 장면을 옆에서 지켜보았다. "진짜 선교사다"라고 기뻐하며 칭찬을 아끼지 않았다. 이런 계기로 우리 관계는 더욱 신뢰의 단계가 되었다. 당시의 그가 소속한 교단의 교회 수는 수백 개나 된다. 루이스는 우리를 교회들에게 소개해 주었다. 순회 부흥사가 된 것이다.

3년 동안 121개 교회를 다녔다. 장녀는 키보드, 아들은 기타, 막내는 플루트를 연주하고 우리 내외는 찬양을 한다. 나는 간증 및 설교를 한다. 설교 내용은 간단하다. 한국교회의 부흥의 비결을 소개하는 것이다. 주일성수, 온전한 십일조, 금주, 금연, 주의 종을 존경하기, 추가하여 동성애 금지 등이다. 레퍼토리는 항상 같은 것이다. 자녀들은 전체를 암송해 버렸다. 나도 거의 원고 없이 한다. 학교 다니느라 피곤하고 힘들어도 부모에게 순종하는 마음으로 선교 여행을 함께 다녔다. 어떤 때는 장거리를 가기 때문에 토요일에 떠난다. 토요일 밤에 집회하고 다른 교회로 이동하여 잠을 잔다. 그다음 주일날에 예배를 인도한다.

양복 주머니에 동전 헌금

강사를 위해 특별 헌금을 한다. 강단에 서 있으라고 말한다. 긴 줄을 서서 한 사람씩 나에게 온다. 내 양복 양쪽 주머니에 동전을 집어넣어 준다. 가끔 지폐도 헌금을 한다. 잠시 후에 동전의 무게로 양복 주머니가 아래로 늘어진다. 좌우가 균형이 맞지 않아 양복이 전체가 뒤틀린다. 보기에도 엉망이다. 그러나 내 마음은 기쁘다. 이럴 줄 알았으면 양복 주머니를 좀 더 크게 만들 것을… ㅎㅎ. 손때 묻은 동전, 땀 냄새가 물씬 풍기는 지폐, 그것은 눈물의 사랑이요 과부의 동전 헌금이다.

도시 대형 교회도 가고 시골 작은 교회도 갔다. 덕분에 명승지 관광도 하였다. 별도로 구경 다닐 시간도, 돈도 없는 우리 가족은 이런 방식으로 선교 여행을 즐겼다. 이 당시를 회고하면서 자녀들은 가장 절정에 이르는 아름답고 가치 있는 시간이었다고 말을 한다.

너무 피곤하여 좀 휴식을 취하고 싶다고 기도를 드렸다. 기도를 드린 이후에 더 이상 우리를 초대하는 교회는 없었다. 기도를 지혜롭게 해야 한다. 말이 씨가 되는 법이다. 의인의 간구는 역사하는 힘이 크다(약5:16). 기도는 믿음에 비례하여 기적이 나타난다. "네 믿음대로 될지어다"라는 말씀의 뜻이다.

목회자 훈련 세미나

세 자녀가 하나님의 은혜로 미국으로 유학을 갔다. 우리 내외만 남았다. 이때부터 루이스 총회장을 비롯하여 그 교단의 목회자뿐 아니라 초교파적으로 목회자 세미나 사역을 시작하였다.

전국적 세미나를 개최하려면 몇 개월에 걸쳐 준비해야 한다. 일정과 장소와 강사진과 재정 확보 등이다. 현지인 지도자들의 도움이 필요하다. 첫 번째 세미나를 위하여 하와이 호놀룰루에서 성공적인 목회를 하는 조일구 박사를 강사로 초청하였다.

그는 미국에서 Ph. D. 학위를 취득한 실력자로서 목회를 성공적으로 잘하고 젊고 유망한 분이다. 이십여 명의 단기 선교팀을 인도하여 함께 선교 현장에 왔다. 수일간 수십여 명이 숙식을 함께하고 사역

현장에서 전도하고 기도하는 일은 용이하지 않은 사역이다. 소수의 교인과 한인 교포 교인의 협조를 받았다. 사전에 연락하여 작성한 프로그램을 차질 없이 진행하였다. 목회자들에게는 조일구 박사의 목회 철학인 '교육목회'에 대한 강의를 하였다. 강의 후에 질문과 대답을 하고, 심도 있는 토론을 하였다. 목회 현장에서 지성인의 강의를 듣기가 어려운 현지인 목회자들은 매우 유익한 강의였다고 평가하여 주었다. 호놀룰루 장로교회에서는 우리 교회에서 필요한 성구들을 선물로 기증하여 주었다. 값비싼 키보드도 헌물하고, 선교헌금도 해주었다. 마지막 날에는 관광버스를 대절하여 관광도 하였다.

가난한 목회자들에게 고급의 음식을 대접하였다. 풍성한 선물을 안겨 주었다. 나라 안에서 호평을 얻었다. 해마다 일회 세미나를 개최하다가 2회에 걸쳐 개최하였다. 강사로는 이동휘 목사님, 김운곤 부부 목사님, 박상희 목사님, 김옥례 전도사님, SPM선교회 양명숙 목사님이 단기 선교팀을 이끌고 오셨다.

이동휘 목사님이 오셨을 때는 현지인 교회 연합 집회를 개최하였다. 수개월 간의 준비를 거쳐 목회자뿐만 아니라 교인들도 참석하도록 힘썼다. 일일 부흥회를 가진 것이다. 각 교회는 버스를 대절하여 먼 거리에서도 교인들을 동원하여 참석하도록 애를 썼다. 수백 명이 교회당을 가득 채웠다. 나는 아직 능숙하지 못한 언어 실력으로 통역하게 되었다. 통역하면서 느낀 것은 이동휘 목사님의 메시지가 얼마나 영적 능력이 쏟아지고 있다는 것이었다. 나 스스로 감동되어 흥분되었다. 대중 집회에서 그렇게 자연스러우면서도 깊이가 있고, 기도

위 김옥례 전도사 부흥회, 아래 양명숙 목사 SPM 선교회 찬양팀 단기선교

하지 않으면 나타날 수 없는 감동이 나타났다. 청중들은 "아멘"을 연발하고 성령 충만한 부흥의 불길이 타오르는 현장이었다.

김옥례 전도사님은 성결교단의 목사님 부인이다. 남편과 같이 신학을 공부하셨다. 목사 안수를 받지 않아 전도사로 사역하셨다. 능력 기도를 하시고 전국을 다니며 부흥사로 평생을 사역해 오신 분이다. 전정희 목사님은 남편 김운곤 목사님과 같이 신학을 공부하신 분이다. 앞서가는 기장 교단에서는 여성도 목사 안수를 받는다. 전정희 목사님이 네 분의 사모님과 함께 단기 선교 여행을 오신 것이다.

그 경우에는 초교파적으로 목회자와 사모님들만 초대하였다. 주강사인 김옥례 전도사님은 설교하고 안수기도를 하였다. 신유와 예언과 각종 은사가 나타났다. 목회자와 사모님들은 줄을 서서 안수를 받기 위해 기다렸다. 차례가 되면 강단에 올라갔다. 강사로 오신 네 분의 사모님들과 아내와 나는 함께 안수기도를 하였다. 통역은 스페인어를 잘하는 어떤 대학생이 하였다.

현지인 지도자들은 기도를 받고 강단에서 내려가 청중석에서 눈물의 회개 기도가 터졌다. 치유의 기적을 보고 기쁨의 찬양이 울려 퍼졌다.

어느 목사는 신학대학 교수이다. 영어도 잘하고 매우 똑똑하다. 그에게 가슴에 손을 대고 기도를 시작하였다. 갑자기 기도를 멈추고 "회개하시오! 아버지와 화해하세요! 지금 당장 전화하여 용서를 구하세요!" 몇 마디에 그 자리에서 꼬꾸라졌다. 통곡 소리가 들렸다.

어떻게 낯선 외국인이 자신의 심령을 거울을 보듯 꿰뚫어 볼 수가

김운곤 부부 목사 목회자 세미나 강사

있는가? 그것이 성령이 하시는 일이다. 놀라고 거룩한 두려움이 일어
났다고 나중에 고백하였다. 무슨 사연인지는 자세히 말하지 않았지
만, 과테말라에 살고 있는 아버지를 원수처럼 죽이고 싶다고 고백하
였다. 복수심에 불이 붙은 그 악한 심령 한복판에 몇 마디의 예언의
화살이 정통으로 꽂힌 것이다. 겉은 멀쩡한 대학 교수인데 가슴속에
는 분노의 칼을 품고 사는 가련한 인생이다. 그는 그날 그렇게 하나님
을 만난 것이다.

또 다른 어느 목사님은 마약을 했었다고 고백하였다. 방언 통변을
듣고 하는 말이 "동양에서 온 여자 강사가 어떻게 자기를 알고 그렇게
말하겠는가? 이것은 전적인 성령의 역사다"라고 고백하고 회개했다.

목회자 세미나가 거듭할수록 은혜가 충만하였다. 좋은 평판을 듣
기 시작하였다. 조용히 영성 운동의 바람이 불고 있었다. 박상희 목사
님이 선교 여행을 오셨다. 소수의 목회자를 초대하였다. 현지인 원로

박상희 목사 목회자 세미나 강사

목사님도 강사로 초대하였다. 두 분이 교대로 강의하였다. 강의 후에 심도 있는 토론도 하였다. 아직 수준이 낮은 현지 목회자들에게는 목회에 큰 도움이 되는 세미나였다고 평가내려 주었다. 이러한 사역이 선교 현장에서 사역하고 있는 선교사들에게는 큰 힘이 되고 격려가 되는 사역이다.

양명숙 목사는 반석 위에 세운 교회 김진수 목사의 아내이다. 두 분도 같은 한신대에서 신학을 공부하고 안수를 받은 분들이다. 기장 교단은 앞장서 가는 교단이다. 여성의 안수는 당연한 것으로 생각하는 교단이다.

양명숙 목사는 SPM 회장이다. 이십여 명의 합창대원을 이끌고 전 세계를 순회하며 복음을 전하는 분이다. 지휘자이다. 합창뿐 아니라 능력 기도 대장이다. 신유는 물론 예언과 치유, 회복의 역사가 일어나는 선교 단체의 지도자이다.

회원들은 음악적 재능이 있어 수준 높은 합창을 한다. 매일 모여 합심 기도하고 철야 기도도 한다. 아낌없이 헌금을 한다. 선교를 위하여 온전히 절대 소명을 가지고 절대복종한다. 절대 헌신을 하는 훌륭한 선교 단체이다.

크고 작은 여러 교회들을 순회하며 찬양하고 설교하고 능력 기도를 하였다. 약 2천 명이 모이는 순복음교회를 찾아갔다. 라티노는 음악을 사랑한다. 그들에게는 동양인이 새롭다. 더구나 품위 있고 아름다운 한국 여성들이 무대 위에 나타났다. 매력 있는 외모는 물론 꾀꼬리 같은 청아한 목소리에 매혹된다. 그 가사는 더욱 은혜가 넘친다. 찬양에 은혜받고 마음 문이 열린다. 양 목사의 메시지가 울려 퍼진다. 회개하라 천국이 가까이 왔느니라. 내가 이해하는 대로 통역하였다.

강단 앞으로 나오라 이 시간 성령이 임하신다. 나오는 자마다 일일이 안수기도를 한다. 방언을 하고 바닥에 쓰러진다. 시간이 지나면 탈탈 털고 일어난다. 담임목사는 제일 먼저 성도들이 보는 앞에서 기도 받고 쓰러진다. 한국교회 문화에서 이천 명의 교인이 모이는데 제일 먼저 겸손하게 안수기도를 받을 수 있을까?

니카라과 목회자 세미나

니카라과는 코스타리카와 인접해 있는 나라이다. 코스타리카는 중립국이요 자연보호를 잘하여 세계적 관광 국가이다. 백인이 80%로서 유럽 계통의 백인이라는 자부심이 대단한 사람들이다. 두 번이나 대통령을 역임한 오스까르 아리아스 산채스(Óscar Arias Sánchez)는 총

니카라과 목회자 세미나

칼을 불태우고 중립국을 선언하였다. 중남미에서는 비교적 제일 잘사는 선진국이다. 무상교육과 전 국민 무료 의료를 실시하여 행복지수가 아주 높은 나라이다. UN은 NOBEL PRIZE 노벨 평화상을 받은 나라에 평화대학을 세워 준다. 따라서 평화대학이 있다. 졸업하면 유엔뿐 아니라 세계적 지도자가 될 수 있다. 한국 학생도 있다. 지인의 딸이 입학한 적이 있다. 직접 그 학생을 학교에 데려다준 적이 있다.

니카라과는 정반대이다. 오랫동안 전쟁에 시달렸다. 공산주의 물결이 휩쓸었다. 코스타리카에서 강을 건너가면 니카라과이다. 강을 하나 사이에 두고 양쪽이 정반대이다. 이쪽은 항상 푸르고 나무나 과일이나 곡식이 풍성하다. 건너가면 보이는 풍경이 황무지이고 땅은 메마르고 가난이 가득한 것이 단숨에 보인다.

그러므로 교회도 가난하다. 목회자들도 고난의 무거운 십자가를 지고 간다. 다행히 그 나라 출신 목사가 코스타리카에서 목회하고 있다. 그를 앞세워서 강을 건너 그 나라에 손쉽게 찾아갈 수가 있었다. 물론 국경을 통과할 때 비자를 경찰이 확인한다. 세미나를 개최한다. 현장에서 고투하고 있는 목회자들에게 목회에 관한 전반적인 지식과 경험을 나눈다. 위로와 격려를 한다. 배부르게 맛있는 음식을 대접한다. 가족 특히 자녀들에게 안겨 줄 선물을 풍성하게 전달한다.

비록 먼지투성이 비포장도로를 지나가야 하고 무더위 속에 무시무시한 모기에 물리기도 하지만 할 일을 하였다는 마음에 하나님께 감사할 뿐이다. 가난할수록 마음은 순박하다. 오직 복음을 전하는 열정으로 사는 현지 목회자들은 천사같이 아름답다. "가난해도 나는 좋아, 주님이 함께하니까!"

현지인을 만날 때마다 나의 어린 시절, 가난해서 배가 고프던 시절이 오버랩된다. 한국의 대선배 목회자들은 가난해도 세속 직업을 가지지 않고 금식하며 살았다. 교인들이 주는 사랑의 성미를 받아 식량으로 사용하였다. 목회자는 양들의 사랑을 먹고 사는 것이다. 말씀과 기도에만 전념해야 한다. 나머지 삶은 직제자들이 책임을 져야 한다. 목회자의 자세와 철학이 중요하다. 현실과 타협하지 말고 성서적 복음적으로 살아야 한다. 받아들이기 쉽지 않은 교훈이다. 그러나 우리는 원론적인 것을 전달해야 한다.

선교지에서 일어난 이모저모

얼마 동안 현지인 부잣집에서 방 한 칸을 세를 내어 살았다. 부부는 집사로서 열심히 사업을 하는 분이다. 부엌을 함께 사용하였다. 이층 다락방에 우리의 짐들을 놓고 지냈다. 여전히 큰 이민 가방에 옷가지 등 구제품을 보관하였다. 그 당시에 미국에서 장로님 한 분과 목사님 한 분이 단기 선교팀으로 우리를 찾아오셨다.

장로님은 천사 같은 분이다. 서울대를 졸업하고 정부의 고위직을 지낸 분이다. 차관급 행정가로서 경험을 가진 분이다. 전두환 정권 때 해고되어 미국으로 이민오셨다. 세븐일레븐이라는 가게를 운영하셨다. 예수를 믿게 되었고 장로가 되었다. 선교 마인드가 생겨서 언어 연수를 하러 온 것이다. 상당 기간 언어 연수를 하는 동안 우리도 세를 내어 살고 있지만 이층 다락방을 사용하며 동거하게 되었다. 하숙생이 된 것이다. 거의 1년 동안 아내는 정성을 다하여 음식을 장만하고 함께 식사하며 지냈다.

원래 기본 실력이 있어 언어 연수할 때 책상에 앉아 공부에 매진하였다. 놀라운 속도로 언어 실력이 향상되었다. 연세가 한참 위이지만 당신은 장로요 나는 목사라고 겸손하게 나를 상대하시며 늘 겸손하시었다. 얼굴만 보아도 천사였다.

다른 한 분 목사님은 은퇴하시고 망치 하나를 들고 전 세계를 다니며 선교에 매진하시는 분이다. 가난하고 집 없는 자들을 찾아 자비량으로 집을 지어 주는 사역을 하시는 분이다. 사역하시다 서툴러 손가락 한 마디가 잘렸다. 장로님은 얼굴만 보아도, 목사님은 손가락만 보아도 은혜가 넘친다. 두 분은 우리 넓은 집 운동장에서 나와 함께 걷는 운동을 하셨다. 매일 인근 학교의 운동장에도 같이 가서 만보 걷기 운동을 하셨다. 걷기 운동하면서 많은 대화를 나누었다. 그 후 내가 미국에 정착한 뒤에도 계속 연락하고 있다. 두 분은 시니어 자비량 선교사이다.

부잣집 부인이 좀도둑이었다. 우리 내외가 지방에 사역하기 위해 상당 기간 집을 비운 적이 있다. 부인은 음식점을 경영하여 경제적으로 여유가 있는 분이다. 그럼에도 불구하고 이민 가방에 들어 있는 물건들을 훔친 것이다. 한인 의류 판매 가게를 하는 분들로부터 사역에 사용하라고 기부하여 받아 보관하던 괜찮은 옷들을 골라서 훔친 것이다. 우리는 신뢰가 쌓인 사이라고 믿어 생각지도 못한 일이다. 주인집에 와서 하녀처럼 돌보는 이웃 아주머니가 귀띔해 주어서 알게 되었다. 나봇의 포도원 이야기가 떠올랐다. 백 석 가진 자는 한 석 가진 자의 것을 빼앗으려 한다. 욕심이 죄악의 씨앗이다. 외국인은 항상 강도나 소매치기의 표적이 된다는 것을 깨달았다.

그 부잣집에서 인근에 있는 허술한 아파트로 이사를 하였다. 빈민촌에 교회를 개척하였다. 온두라스 출신의 집사님 댁에서 시작하였다. 조그만 마당을 개조하여 예배 처소를 마련하였다. 강단도 만들고 일인용 플라스틱 의자들을 배열하였다. 소음을 줄이기 위해 양철로 벽을 만들었다.

예배를 드리고 있는데 밖에서 돌멩이를 던져 양철 벽에 맞으면

딱딱 소리가 요란하다. 불신자들이 방해한다. 교회당을 자기 집에서 해야 된다고 생각하였는데 다른 집에서 하게 된 것에 시기하여 방해하는 교인도 있었다. 인지상정이다. 어디든지 형제가 연합하여 아름다움을 창조해야 하지만 그렇지 못하는 경우도 많이 있다. 그래서 지도자는 균형을 유지하기 위해 노력한다.

달동네 같은 이 빈민촌에서 개척교회을 하였을 때 육군사관생도들이 단기 선교 여행을 왔다. 막내가 다닌 대학 가까이에 사관학교가 있다. 현역 중령이 인솔하여 십여 명이 온 것이다. 막내는 또 다른 중령 부인이 인도하는 성경공부반을 참석하였다. 중령 부부는 막내를 딸처럼 사랑하였다.

사관생도들은 믿음이 좋은 사람도 있고 초신자도 있었다. 낮에는 동네 청년들과 축호 전도도 하고 축구도 하였다. 밤에는 일주일 내내 한 사람씩 간증하게 계획을 세우고 실시하였다. 간증하는 생도 자신들이 눈물을 흘리며 복음을 전하였다. 청소년 방황기에 술, 담배, 마약을 하였다가 예수 믿고 생도가 되었다는 간증은 듣는 모든 이들에게 감동을 주었다.

한가지 바람직하지 않은 일이 일어났다. 생도들이 도착하여 모든 동네 사람들을 모아 놓고 도착 연설을 하였다. 소감을 말하고 군대식으로 재정 보고를 해 버렸다. 현지 선교사와 은밀히 말해야 하는 것을 현지인 앞에서 보고한 것이다. 현지인 중에 얼마나 가지고 온 것이냐고 나에게 질문을 한 사람이 나타났다. 그런 사람의 관심은 자신에게 무엇이 얼마나 생기는가 뿐이다.

미국 육사 생도 단기선교 차 코스타리카 방문

단기 선교는 현지 선교사와 긴밀히 사전에 연락하고 치밀하게 준비해야 한다. 잘못하면 후유증이 발생한다. 선교사는 후유증을 수습하느라 애를 쓰는 경우가 있다. 단기 선교를 가는 후원교회는 자신들이 언어를 잘 준비하였고 현장에서 기적이 나타났다고 자랑한다. 그것이 기적인지 아닌지는 선교사가 잘 파악을 한다. 항상 현지 선교사 중심으로 무엇이든 해야 한다.

아파트 이웃이 도둑

빈민촌에 교회를 개척하고 사관생도들이 단기 선교를 오고 아주 분주하게 지냈다. 생도들을 배웅하였다. 며칠 동안 휴식을 취하였다.

하루는 저녁 식사를 하기 전에 아내와 인근에 학교 운동장에 걷기 운동을 하러 나갔다. 아내가 몸 상태가 좋지 않아 중도에 귀가하였다. 그런데 우리 집 주변에 사람들이 웅성거리고 있었다. 불과 30분도 되지 않았는데 도둑이 들어 왔다. 이곳은 도둑들이 아예 차를 대놓고 이삿짐을 실어 가듯이 유유히 도둑질하는 나라이다. 모 선교사는 일 년에 몇 차례나 집 안에 있는 모든 물건을 싹쓸이당해서 완전 도둑 노이로제가 걸렸다. 사모님은 오랫동안 충격을 받아 정신적 고통을 받으셨다.

우리 아파트는 길거리에 위치한 조그만 서민 아파트였다. 옆집과 벽이 붙어 있다. 철조망으로 대문을 만들고 안으로 들어가면 다시 작은 문을 통과하도록 되어 있다. 이중으로 문을 만들고 자물쇠로 잠근다. 두 개의 문을 부수고 집안에 들어간 것이다. 이층 방에 놓은 컴퓨터, 비디오, 시계, 티브이, 녹음기, 시디 등 사역에 필요한 모든 기기를 다 훔쳐 가버렸다. 컴퓨터에 저장한 귀중한 자료들, 기념사진들을 잃어버린 것이 더욱 안타까운 일이었다. 경찰에 신고하니 한참 후에 왔다. 형식적으로 신고받아 출동한 것이지 범인을 잡아 줄 것이라는 마음도 태도도 보이지 않았다. 이웃집의 젊은 남자를 의심하게 되었다. 그는 우리의 동태를 늘 살피고 있었다. 우리가 운동을 몇 시에 나가고 언제 돌아온다는 것을 알고 있었다. 우리가 깜짝 놀라 당황하고 있을 때 천연덕스럽게 "경찰에 신고해야 한다. 내가 신고해 줄까?" 평소보다 태도가 이상해 보였다. 잃은 사람이 잘못이지 누구를 의심하고 탓하랴!

리오 나랑호교회와 수련원 봉사 시도

앞에서 언급한 현지 교단은 시골에 수련원을 가지고 있다. 축구장이 별도로 있고 예배실과 숙소도 있다. 교단의 목회자와 성도들이 매년 전국에서 이곳으로 찾아와 며칠씩 대대적인 행사를 하는 곳이다. 평소에는 조용하고 전형적인 농촌이다. 주변에는 목장 지대이다.

늘 영성센터를 원하는 나는 그곳에 가서 살면서 교단의 목회자 세미나를 하고 싶었다. 도시를 떠나 조용한 수련원에 가면 하고 싶은 사역을 할 수 있으리라 생각하였다. 빈민 개척교회를 현지인 목사에게 인계해 주었다. 수련원이 있는 동네로 이사를 하였다. 그 마을에 동시에 같은 교단의 교회가 있었다. 그 교회에 출석하면서 수련원에 자주 찾아갔다. 걸어서 갈 수 있는 거리였다.

출석하는 교회에서는 협동목사로 사역하였다. 시골의 교인들은 친절하며 순박하다. 나는 체질적으로 농촌 출신이라 그들과 교제하는 것이 평안하였다. 성찬식을 거행한 주일이다. 보통 사용하는 시중에서 판매하는 포도주를 사용하지 않았다. 뽄채(Ponche)라고 부르는데 우리나라 막걸리같이 열매를 오랫동안 담가 만든 것이다. 얼마나 알코올 농도가 높은지 조금만 마셔도 술기운이 난다. 성찬식을 마친 온 교인들은 얼굴이 붉게 달아오르고 눈에는 웃음이 가득하다. 서로 기분 좋은 얼굴로 인사를 나눈다. 활짝 열린 마음으로 담소를 나눈다. 그들이 바라보는 내 얼굴도 빨갛게 달아올랐을 것이다. 나쁘지는 않은 분위기였다.

수련원은 경치 좋고 공기가 맑다. 운동하기 좋은 축구장이 있다. 자주 수련원 직원들과 축구도 즐겨 하였다. 수련원에서 하는 여러 가지 행사에 적극 참여하였다. 수개월이 지났다.

의식 불명의 혼수상태

어느 날 수련원에서 상당한 거리에 있는 교인의 사무실까지 자전거를 타고 간 적이 있다. 도로는 포장이 잘 된 편이다. 바람이 불기 시작하였다. 높은 산을 오르내리는 길이었다. 중요한 서류를 확인하러 간 것이다. 삼십여 분을 달려갔다. 낯선 기후에 강한 햇볕을 받으며 아주 힘들게 달려갔다. 눈도 아프고 정신이 몽롱해졌다. 겨우 목적지에 도착하였다. 자전거에서 내리자마자 졸도하였다. 사무실에서 나를 쳐다본 교인이 놀라서 뛰어나왔다. 기절하여 쓰러진 나를 부축하여 사무실 안으로 데려갔다. 의자에 비스듬히 눕혔다. 서둘러 자세를 평안하게 해 주고 내 이름을 큰 소리로 불렀다. 겨우 눈을 떴다. 한참 후에 의식이 돌아왔다. 따뜻한 커피를 마시게 하였다. 커피는 그 나라 사람은 우리의 숭늉과 같다. 식사 시간에도 늘 커피가 나온다. 신기하게도 커피를 마시니 몸도 마음도 평안이 찾아왔다. 낯선 기후 변화에 외국인은 항상 조심해야 함을 깨달았다. 내 몸이 언제나 젊은 청춘이 아니라는 것도 알게 되었다.

우빨라(Upala)교회 목회

수련원에서 수 킬로미터 떨어진 곳에 교단의 다른 교회가 있었다.
우빨라교회이다. 선교지에서 마지막 심혈을 기울여 목회한 잊을 수
없는 교회이다.

우빨라는 작은 읍내 같은 소도시이다. 니카라과 국경지대에 있다.
대부분 주민은 니카라과 사람들이다. 코스타리카 정부에서 니카라과
사람들이 국경을 건너와 살 수 있도록 간접적으로 허락하여 형성된
특이한 도시이다. 상당한 시민이 살고 있어 초중고 학교가 있다. 교파
별로 교회 수도 다섯 개나 있다.

『기독교 세계 선교 역사』*에 의하면, 로마가톨릭 선교를 다음과
같이 말한다.

우빨라교회 교인들

---

* 원서 J. Herbert Kane, *A Concise History of the Christian World Mission* (Baker
Academic, Revised Edition, 1978).

우빨라교회

유럽의 개신교회가 대륙 내에서 세력을 견고케 하는 동안 로마가톨릭교회는 세계의 비기독교 지역에 나아가 정복을 하였다. 로마가톨릭의 선교 발전은 포르투칼과 스페인 제국의 해외 확대와 시대를 같이하고 있다. 이들 나라의 왕들은 해외 영역에 신앙을 전파하고 불신자들을 회심시키는 일을 책임졌다. 교회의 임명권은 시민 당국에 의해 주어졌으며 그 경비는 나라가 부담하도록 하는 파트로나토(Patronato)의 체제가 생겨났다. 초기에 가장 많은 식민지를 확보하였던 이들 나라에서 가장 많은 선교사가 배출되었다.*

---

* 정용희 요약.

우빨라 교인 심방

선교 역사를 살펴보면 포르투칼은 브라질을, 스페인은 그 외 중남미 국가들을 정복하였다. 식민지화를 할 때 로마가톨릭의 복음을 들고 함께 정복하였다. 사람들은 나치 히틀러가 유대인 6백만 명을 학살하였다는 역사적 사실은 잘 알고 있다. 그러나 로마가톨릭이 중남미 연안에 살던 인디언과 토착민을 수없이 학살한 사실은 잘 알려지지 않고 있다. 중남미 개신교 선교사들은 로마가톨릭에 관하여 연구하고 있다.

그들이 초기 선교 활동을 하였을 때 성경을 앞세워 풍부한 지하자원을 다 빼앗아 갔다. 세례를 베풀 때 황금을 가져오라고 강요하였다. 중남미 대륙의 80%의 국민이 가톨릭 신자이다. 겨우 10%의 개신교

교회는 가톨릭의 심한 박해 속에서 태어났다. 교회당에 불을 지르기도 하였다. 그런 핍박 속에서 성도가 되기는 쉽지 않다. 더구나 목회자가 된다는 것 자체는 매우 훌륭한 것이다. 가톨릭의 특징 중의 하나는 언제나 대도시이든 시골 마을이든 지리적으로 중심지에 성당을 세웠다. 성당은 항상 개방되고 성당 정면 앞은 공원을 만들었다. 사람들이 공원에 놀러 나오고 맘만 먹으면 성당에 들어가 성모 마리아에게 절을 하고 소원을 빌게 만들었다.

우빨라교회는 공원 가까이 세워져 있다. 교회당 옆에 사택이 있다. 방 두 칸이다. 고온다습한 기후로 무더위 속에 고생을 많이 하였다. 현지인 목사들도 그런 곳에서 목회하기를 꺼리는 곳이다. 방문자들도 하루를 견디기 어려운 곳이다. 그러므로 친구인 교단장은 내가 그런 환경에서도 수년간 교회를 지키고 목회를 한 것에 늘 고맙다고 칭찬해 주었다.

하수구 시설이 되지 않아 오물이 집 밖으로 흘러나온다. 우기에는 폭우가 쏟아져 악취가 사라지지만 건기 6개월은 코를 찌른다. 모기는 밤이나 낮이나 극성을 부린다. 얼마나 독한지 물리면 따갑고 가렵고 며칠씩 고통을 받는다. 주민들은 면역력이 강해서인지 끄떡도 하지 않는다. 예배 시간에도 얼굴이나 손에 모기가 물고 있으면 천연덕스럽게 수건으로 쫓아 버린다. 우리 방에는 일년내내 모기장을 쳐 놓고 살았다. 에어컨을 사용하지 않고 선풍기를 새것을 사다 달았다. 사택을 전반적으로 수리하고 살았다. 교인들의 삶을 보면 에어컨을 사용할 수 없었다. 사택 안과 밖에 페인트로 칠을 하였다. 낡은 집이 새집이 되었다. 마당에는 야자수가 있다. 때가 되면 열매를 먹었다.

도둑을 물리친 아내의 기도

아내는 초저녁에 잠자리에 들어간다. 한밤중에 잠을 깨면 교회당
에 가서 기도를 한다. 한밤중에 남자들이 교회당 주변에서 웅성웅성
소리가 났다. 아내는 겁도 나지만 더 크게 찬송을 부르고 방언 기도를
하였다. 그 사람들이 오히려 놀라서 사라졌다.

그날 밤에 같은 소도시 읍내에 있는 다섯 교회가 모두 도둑을 맞
았다. 도둑들은 우리 교회당에도 왔다가 허탕 치고 간 것이다. 도둑을
맞은 교회들은 비싼 앰프나 키보드 등 악기와 전자 제품 등을 잃어버
렸다. 기도는 도둑도 물리친다.

부활절 연합 집회

남미 사람들은 퍼레이드를 좋아한다. 경쾌한 음악과 춤을 추기를
좋아한다. 가톨릭은 우리나라 탈춤과 비슷한 퍼레이드를 의도적으로
만들었다는 일설도 있다. 양반 상놈 시대에 상놈이 뼈 빠지게 양반을
위해 일해도 부당한 대우를 받았다. 일 년에 하루는 가면을 쓰고 탈춤
을 추며 온갖 원망과 불만을 표출해 내도록 허락한다. 고양이가 쥐를
습격할 때 도망갈 구멍이 있어야 한다. 구멍이 보이지 않고 벽에 부딪
히면 반격을 가한다. 사람도 마찬가지이다.

하여간 부활절을 맞이하여 읍내는 물론 멀리 더 오지에 있는 교회들도 연합하여 행사를 거행한 적이 있다. 넓은 공원이 인산인해를 이루었다. 연합예배를 드렸다. 모든 순서를 현지인 목회자들이 담당하였다. 나는 축도만 하였다. 예배 후 온 읍내 구석구석을 찬양을 부르며 행진하였다. 교회뿐만 아니라 믿지 않는 주민들도 행진에 참여하였다. 빠른 템포의 경쾌한 부활 찬양에 맞추어 온몸을 흔들어대고 기뻐하며 춤을 추었다. 행사를 마치고 종합 평가를 하였다. 목회자들은 "선교사인 내가 시작하여 가능한 사건이다"라고 말을 하였다. 다시 한번 꼬래아노 선교사(Coreano Misionero)가 그들에게 신선한 도전을 주었다. 하나님께 영광을 올려 드렸다.

당시에 다마소라는 니카라과 출신 장로가 있었다. 유일한 장로는 학교 옆에서 슈퍼마켓을 경영하였다. 키는 작고 가게를 운영하면서 교회의 지도자로 살기에 매우 분주하게 사는 분이다. 오후 3시가 되면 가게 문을 닫고 커피타임을 가진다. 그 시간에 나를 초대한다. 그 때 마시던 커피가 그립다. 수많은 인물과 사건들에 대하여 교회의 부흥을 위해 대화를 나누었다. 지역사회의 동태를 정확히 설명해 주었다. 아주 지혜가 있으며 믿음이 신실한 분이다. 그런데 돌싱이다.

세 번이나 이혼하였다. 자녀들이 제각각이다. 이들의 문화는 다른 배 속에서 난 형제들과 잘 어울리며 산다. 주어진 현실을 잘 받아들인다. 좋은 문화인지 아닌지 자주 헷갈린다. 어느 날은 가게 문을 닫고 늦은 밤에 나를 불렀다. 무슨 일인가? 심방을 갔다.

과거의 삶을 이야기 해 주었다. 세 번 이혼을 한 과정을 숨김없이

다 고했다. 나는 죄인 중의 괴수이다. 무릎을 꿇고 통곡하였다. 아니다. 나도 죄인 중의 괴수이다. 베드로와 고넬료 같이 일으켜 세웠다. 같이 한참이나 눈물로 회개 기도를 하였다. 얼싸안고 같이 울고 웃었다. 사람은 다 똑같다. 얼굴, 문화, 피부색은 달라도 하나님이 주신 마음은 동일하다. 악한 것을 보면 분노하고 선한 것을 느끼면 양순해진다. 믿음의 형제로서 내가 그 교회를 사임할 때까지 힘이 되어 준 선교 동역자였다.

코스타리카와 니카라과 양국 간의 국경지대를 사는 자들을 위해 여러 곳에 이민국이 있다. 교회의 원 교인 중에 이민국장이 있다. 그 지도자는 자매가 있는데 이렇게 세 사람이 새신자가 나타나면 터줏대감 노릇을 한다. 그럴 때마다 다마소 장로는 화해시킨다. 능력있는 치리 장로 역할을 잘 감당하여 주었다.

졸란다(Yolanda)라는 자매가 새신자로 등록하였다. 그녀는 그 읍내에서 엄청나게 큰 바를 경영하였다. 술 마시고 춤추는 스탠드바이다. 돈도 많이 버는 미인이다. 치마를 입은 대장부이다. 사업 수완이 월등하다. 그 지역에서 유명한 여인이다. 이혼하고 나이 차이가 많은 젊은 이와 재혼하였다. 전도하여 예수를 영접하였다. 가족 전체에게 세례를 베풀었다. 이혼한 자에게 쉽게 세례를 준다고 반발하는 교인이 있었다. 자기들도 이혼한 자들인데 주제 파악하지 않고 비난을 한 것이다. 아랑곳하지 않고 세례를 베풀었다. 그 가족은 열심히 교회를 출석하였다. 그 이듬해에 여신도 회장이 되었다. 스탠드바를 청산하고 목장을 운영하기 시작하였다. 개과천선한 모습을 주민과 교인들에게 보

졸란다에게 세례를 베푸는 모습

여 주어 덕을 세웠다. 스탠드바에서 사용하였던 앰프나 좋은 마이크 들 음악 악기들을 모조리 매각하였다. 그 십일조를 바쳤다. 현지인이 몇천 불을 헌금하는 것은 흔하지 않은 일이다. 기적이었다. 그 십일조 를 바탕으로 교인들이 다시 한번 건축헌금을 하였다. 교회당을 새롭 게 리모델링을 할 수 있었다. 눈에 보이는 건축은 성도들의 마음을 긍정적으로 변화시켰다. 교인 수도 급성장하여 증가하였다.

시몬이라는 홈리스가 있었다. 그는 가족도 없고 자신의 이름도 모 른다. 구리색으로 빛나는 얼굴을 가지고 키가 큰 중년의 나이가 된 남자이다. 교인들이 긍휼한 마음으로 허드렛일을 시키고 용돈을 준 다. 교인의 집 한 모퉁이에 허술하게 지은 방 한 칸에서 잠을 잔다.

교회를 나오기 전에는 알콜 중독자였다. 전도하여 교회에 출석하였다. 교회에서는 친교하는 점심 식사를 제공하였다. 여신도회는 점심 값을 받는다. 소액이다. 그러나 시몬은 돈이 없다. 다마소 장로는 언제나 식비를 대신 지불해 주었다.

시몬이 앞에서 언급한 졸란다와 같이 세례를 받았다. 한국교회에서 과거에 학습 세례 공부를 시키고 문답을 하고 세례를 베풀었던 것처럼 철저히 교육시키고 필기시험과 인터뷰도 하였다. 시몬은 글자를 모르기 때문에 필기시험에서 제외시켰다.

드디어 강에 나가서 침례식을 거행하였다. 날씨는 화창하고 시원한 바람이 불고 강물은 유유히 흘러가고 있었다. 다섯 명이었다. 다마소 장로와 나는 강물에 들어갔다. 허리에 물이 닿을 만큼 들어가 서서 한 사람씩 침례식을 거행하였다. 모두 하얀색 옷을 입고 강물에 들어오면 양쪽에서 붙잡고 뒤로 젖혀 강물 속에 잠근다. 본인은 코를 한 손으로 막고 눈을 감는다. 나는 물속에 잠기는 순간 죽고 물속에서 나오는 순간 부활한다고 믿는다. 나오는 순간 온 교인들이 힘차게 찬송을 부른다. 그때 시몬은 나를 끌어안고 엉엉 울었다. 포옹한 내 몸을 한참이나 놔두지 않고 가슴에 가슴을 대고 통곡하였다. 숨 쉬는 호흡이 온몸으로 나에게 전달되었다. 나도 그 몸과 영혼이 구원 얻었다는 사실에 감격하여 몇 분이나 눈물을 흘리며 감사를 드렸다.

나는 선교지에서 수많은 사람을 만났다. 지위 고하, 남녀노소를 막론하고 셀 수 없이 만났으나 그날 그 순간만큼은 가장 행복한 순간이었다. 먼 훗날 하나님 앞에 서는 날, 눈에 보이는 자랑을 하거나 업적을 보고드릴 것은 없지만, "나는 시몬을 사랑했습니다"라고 말씀을 드릴 수가 있다.

Felo라는 형제가 있다. 형제는 키가 크고 부인도 키가 크고 자녀들도 키가 큰 남매를 두고 있다. 전형적인 유럽 계통의 백인이다. 목장을 경영하고 비교적 부유하게 살았다. 부인은 시내에서 간이음식점을 경영하였다. 마음씨가 착하고 교회의 기둥이요 훌륭한 지도자였다. 그 집은 교회에서 아주 먼 거리에 있는 마을에 있다. 험한 시골 비포장도로를 지나 논밭을 통과하며 자갈밭을 지나야 한다. 우기에는 시야를 가려 운전하기가 아주 힘든 코스이다.

현지 교회는 한국교회처럼 주일성수, 온전한 십일조, 금주, 금연, 주의 종을 존경하지 않는다. 한국인 선교사들은 한국교회 부흥의 비결을 가르칠 필요가 있다. 물론 문화는 다르다. 적절하게 적용하는 작업을 해야 한다.

교회 부흥을 위하여 구역을 조직하고 구역장 중심으로 매주 금요일 저녁에 예배를 드리게 하였다. 휄로 형제는 구역 설교자가 되고 부인은 구역장이 되었다. 구역장만 모여서 사전에 회의를 하고 설교자만 별도로 모여서 성경공부를 인도하였다. 그들의 믿음이 아름답게 성장하고 가정은 평안해지고 교회는 부흥하기 시작하였다. 주일날은 구역장이 광고 시간에 구역 현황을 보고하게 하였다. 온 교인이 모인 수, 헌금, 기도 제목을 보고할 때마다 박수로 격려하거나 축하하였다.

특별히 그 구역은 제일 앞서가는 구역이 되었다. 그 마을에서 수십 명이 모여 예배를 드렸다. 구역장은 닭이나 돼지고기를 요리하여 가난한 주민들에게 융숭한 대접을 하였다. 초신자에게는 생필품을 자기의 돈으로 선물을 주었다. 나중에는 크게 부흥하여 그 마을에 지교회를 세워 달라고 요청하였다. 그러나 당회에서 거부하였다. 본 교회가 더욱 부흥해야 한다고 주장하였고 나중에 숙고해 보자고 하며 연기하였다.

나는 구역을 순회하면서 설교하고 다녔다. 그 구역에 갈 때는 험로를 운전하여 고투 끝에 그 집에 도착하곤 하였다. 준비 찬양하는 소리가 마을을 진동시키고 있었다. 멀리까지 들리고 집에 가까이 갈수록 점점 더욱 큰 찬양 소리가 들렸다. 나도 모르게 "할렐루야! 하나님께 영광! 감사합니다!"

어두컴컴한 마당과 부엌과 방까지 어린애를 포함하여 발 디딜 곳 없을 정도로 교인들이 가득 차 있다. 총을 쏘는 것처럼 동네 모기가 그곳에 몽땅 집합했다. 설교하는 동안에 온몸을 공격한다. 입에 들어가는 때도 있다. 수건으로 탈탈 털어내고 쫓아내면서 설교하고 청중은 듣는다. "아멘, 아멘!" 화답하는 소리가 우렁차다. 설교자는 설교하는 시간이 가장 행복하다. 존재의 이유가 실감난다. 보람을 누린다. 스트레스가 사라진다. 최고의 엔도르핀이 폭포수같이 나온다. 그래서 지휘자와 설교자는 장수한다.

문화 충격의 사례

선교지에서 내 이름을 '루까스'라고 불렀다. 그래서 미국의 시민권자가 될 때 법적 이름도 루까스로 개명하였다. 미국에 와서 사람들이 내 이름을 부를 때는 '락'이라고 부른다. Rac Kil Lim을 first name은 Rac이고 middle name은 Kil이고 last name은 Lim으로 생각하고 '락'이라고 부른다. 나도 헷갈리고 부르는 자도 자연스럽지 못하다. 많은 한국인이 영어식으로 부르기 쉬운 이름으로 개명한다. 우리 내외도 변호사인 막내의 권면을 받아들여 루까스와 빠멜라로 개명을 한 것이다. 사실 선교지에서 오랫동안 사용하였으므로 우리에게는 아주 자연스럽다.

선교지의 문화는 남녀노소 할 것 없이 이름을 부른다. 임낙길 목사는 그냥 루까스이다. 목사라는 칭호도 부르지 않는다. 주일학교 학생도 어른도 누구나 루까스라고 부른다. 어린아이가 내 어깨를 툭 치면서 루까스라고 부르며 장난질을 한다. 처음에는 '이런 버르장머리 없는 놈들!'이라고 생각하였다. 그러나 세월이 흐를수록 너무나 인간적이다. 사실은 이름 뒤에 따라오는 칭호는 정직하게 다른 사람을 보게 하기보다는 선입견을 가지게 할 수도 있다. 이름은 그 사람의 고유의 인격을 대변해 주는 도구이다. '차별이 없고 쌍방 간 간격이 사라지고 너도나도 모두 한 인간이다'라고 생각하게 한다. 얼마나 인간적이고 아름다운가! 천국은 모든 인간이 평등하다는 삶을 사는 영원한 생명이 충만한 세계라고 믿는다. 참 친구들은 이름만 부른다. 진정한 친구는 어깨동무를 할 수 있다. 온 세상 사람들이 참 친구가 되길 소망한다. 뜻이 하늘에서 이루어진 것 같이 땅에서도 이루어지길 소망한다.

휠체어 선물

교인 중에 불쌍한 처녀가 하반신을 쓰지 못하는 장애우가 있다. 집 안에서 밖에 나오지 못하고 방에서만 오랫동안 지내고 있다. 심방을 가보니 어두운 방안에 혼자 누워 있다. 사연을 들어 보니 외출을 하려면 휠체어가 필요하다고 하소연을 하였다. 자비와 긍휼한 마음이 일어났다. 즉시 휠체어 기증운동을 시작하였다. 여러 통로를 통하여 후원자를 모집하고 전 교인이 기도에 힘썼다. 가톨릭 신자들은 선행을 강조한다. 한국의 후원 교회가 아니라 현지 교회와 교인들이 후원해 주었다. 한 개에 당시 300불이다. 십여 개를 준비하여 교회당으로 모이게 하고 예배 중 광고 시간에 선물 증정을 하였다. 현지인 기자들이 찾아와 신문에 게재해주었다. 교회에 나오지 않은 자매에게는 직접 심방을 가서 전달했다. 그 부모가 나를 얼싸안고 엉엉 울었다. 나도 긍휼해서 감사해서 같이 엉엉 울었다. 사역은 돈보다 사랑의 마음이 있어야 한다. 마음이 있으면 돈도 따라온다. 돈이 없어 사역을 하지 못하는 것이 아니라 영혼을 불쌍히 여기는 마음이 없기 때문이다.

내일 일은 난 몰라요. 하루하루 살아요. 불행이나 요행함도 내 뜻대로 못해요.

정들었던 선교지를 떠나 뜻밖에 미국으로 입국하게 되었다. 언제나 떠날 때는 말없이 모든 것을 포기하고 빈손으로 이동한다. 새로운

휠체어 기증

곳에 가면 새롭게 시작한다. 십여 년을 사용하던 자가용을 우빨라교
회에 바쳤다. 피아노도 바쳤다. 그 피아노는 장녀가 대학 다닐 때 전
공하기 위하여 사준 것이었다. 아주 좋은 상품이다. 미련 없이 남기고
떠나 흔적이 되어 현지인에게 기억되게 하고 싶었다.

미국에서 시민권자가 되다

미국에 관광 비자로 처음에 입국하였다. 본부의 허락을 받아 안식년을 보내기 위해서 들어 왔다. 그것이 정착하게 된 시작이 되었다. 내일 일은 모르는 게 인생이다. 안식년을 보낸 후에 다시 선교지로 돌아갈 계획이었다.

대학 시절에 반미 사상을 가지고 있었다. 북한의 표현을 빌리자면 미 제국주의라고 생각하였다. 미국에는 아무도 알고 있는 연고자도 없다. 다만 삼 남매가 유학 생활을 하고 있었다.

뉴욕에 이민 목회에 성공한 선배 양희철 목사님이 계신다. 그 당시에 뉴욕에서 코스타리카로 선교사로 떠난 신명동 목사님이 있다. 나는 코스타리카에서 뉴욕으로 이동하였다. 그런 상황에서 몇 번 신목사를 만났다. 내가 가지고 있는 교회 비품을 신 목사의 교회에 헌납하였다. 그는 한인 교회 목회를 하다가 현지인 선교사가 되었다. 지금은 캄보디아에서 선교사로 사역을 하고 있다.

양 목사님이 우리를 반갑게 영접해 주셨다. 이민 가방을 들고 목사님 댁에 들어갔다. 오랫동안 숙식을 제공받았다. 목회에 협력을 다하였다. 상당 기간 동안 목사님 댁에서 지낸 후에 양희순 장로님 댁으로 이사를 했다. 좁은 아파트에서 방 한 칸을 차지하였다. 내 신세는 방 한 칸이면 만족하였다. 지금도 방 한 칸에서 살고 있다.

그 후 사정에 의하여 임장순 집사님 댁에서 살았다. 임 집사님 댁은 교회에서 아주 먼 곳에 있었다. 전철을 몇 번 갈아 타고 한참을 걸어야 갈 수 있다. 겨울이 되면 마을에 큰 호수가 있는데 사람들이 썰매를 타고 있었다. 아주 추운 겨울날, 눈보라 치는 날, 아내와 나는 호수를 한 바퀴 돌면서 걷기 운동을 하였다. 우리는 가는 길 멀고 험해도 방 한 칸 남의 집 신세를 지고 살더라도 행복하다. 복음의 파수꾼 되어 온 세상 어디든지 주님 가라 하시면 가고, 멈추어 쉬라 하시면 쉬었다 간다. 얼마나 부담 없이 물 흐르듯 살아가는 행복한 나그네인가!

교회는 먼 곳에 수십 에이커에 달하는 수양관을 가지고 있었다. 언제나 영성센터를 가지게 해달라고 기도해 왔다. 그곳에 들어가서 살면서 영성운동을 펼치라고 배려해 주셨다. 우리 내외는 많은 방 중의 하나를 차지하고 잠을 잤다. 식사는 모든 건물을 관리하는 집사님 내외와 식당에서 함께하였다. 시간이 되는대로 교회당에 들어가서 기도에 힘을 다하였다. 관사가 있었다. 오래된 건물이라 허술하였다. 약 백만 불을 들여 수리하였다. 더운 여름에 진땀을 흘리면서 중노동을 하였다. 여러 교실이 있는데 동시에 수리하고 페인트칠도 하였다.

단순한 나는 영성센터의 꿈을 가지고 본부 이동휘 목사님께 연락을 드렸다. 직접 답사하시러 오셨다. 믿음교회에서는 설교하셨다. 수련원 현장에 오신 이 목사님은 떠나시면서 영성센터를 하기에는 부적절하다고 말씀하셨다. 양 목사님의 희망이 이루어지지 않았다. 더 이상 믿음교회에서 사역할 이유가 없어졌다.

이런 와중에 관광 비자 6개월이 완료되었다. 비자 마감일을 며칠 앞둔 어느 날, 영어 학원에 등록하면 학생비자로 바꿀 수 있다는 것을 알게 되었다. 서둘러 맨해튼에 있는 영어 학원에 등록하여 비자 문제를 해결하였다. 동시에 믿음교회를 떠나 초대교회로 옮기었다. 새벽 기도회를 참석하였다. 어느 날 전성애 집사님을 만났다. 보아하니 목사님 냄새가 난다며 우리 집에서 살 수 있다고 말했다. 다시 밀집된 아파트단지에 있는 아파트 방 한 칸에 살게 되었다. 부엌도 화장실도 샤워실도 함께 사용하게 되었다.

집사님의 집은 우드사이드에 있다. 거기서 맨해튼까지 지하철을 타고 영어 학원에 다녔다. 초대교회에 출석하였다. 김승희 목사님은 선교사로서 협력 사역을 하기를 원하였다. 아내와 성가대원도 하고 제반 부교역자의 역할을 감당하였다. 초대교회는 도미니카에 선교센터를 세웠으며 선교사를 적극 후원하며 선교하는 교회였다. 선교사를 모집하고 훈련시켜 파송한다는 계획을 세우고 스페인어도 가르치는 등 여러 가지 프로젝트를 개발하여 협력하기로 다짐하였다. 그러나 확실한 약속은 하지 않았다. 시간이 흐르는데도 차일피일 미루고 협력 사역을 할 움직임이 보이지 않았다. 아이디어만 받아내고 실천하지 않았다.

그 교회당에 뉴욕신학대학이 있었다. 권오현 박사님은 일찍 유학

을 오셔서 학위를 취득하시고 여러 대학에서 교수를 역임하신 분이
다. 평생 학장을 지내시면서 많은 제자를 양성하셨다. 제자들 중심으
로 새로운 교단도 설립하였다. 영어 학원의 비자가 마감일이 되기 전
에 뉴욕대학의 학생이 되었다. 아내와 같이 몇 학기를 공부하였다.
목회학 박사 코스를 밟았다.

Blanton Peale Graduate Institute

맨해튼 중심가에 위치한 이 학교는 전문 상담학교이다. 오래전에
미국인 목사들이 목회하다가 탈진 상태가 되는 것을 보고, 전문 상담
가가 상담할 필요가 있음을 발견하고 세운 학교이다. 교수진은 상담
학 학자, 정신병원 원목, 의사, 다양한 전문가들이다. 내가 공부할 때
는 목사 11명이 그룹이 되어 그룹 상담에 대하여 함께 연구하고 실습
하는 매우 유익한 공부를 하였다. 우리를 지도하는 교수는 구 미리암
목사이다. 그녀는 일찍 이화여대를 졸업하고 미국으로 유학을 와서
전문 상담 치료사 자격증을 가진 경험이 풍부한 교수이다. 매주 과제
물을 주고 수업 시간에 발표하고 서로 나눔의 시간을 갖는다.

프로이드를 비롯한 수많은 현대 심리학자들의 학설을 배웠다. 무
엇보다도 지금까지 남아 있는 것은 내가 누구인가를 발견하는 수업이
다. 대부분은 나의 정체성을 찾아가는 길은 부모가 누구인가에 달려
있다는 것이다. 그래서 나의 부모에 대하여 깊이 생각해 보고 연구하
게 되었다. 부모의 DNA를 닮은 것도 중요하지만 성격이나 말하는

태도나 몸짓까지 더 나아가 생각이나 삶의 스타일까지 고스란히 닮았다는 것이다. 나의 정체성을 발견하여 단점의 원인을 캐내어 장점으로 변경시켜서 건강한 인생을 살도록 해야 한다.

이 연구를 통하여 상담의 방법, 기술, 철학, 가치를 배웠다. 지금까지 살아오는 동안 나 자신에게도 유익하며 상담가로서 매우 필요한 공부를 하였다.

뉴욕에서 워싱턴으로 이사

학생비자를 유지하기 위해 억지로 공부하였다. 많은 시간과 학비를 투자하였다. 뉴욕에서 몇 학기를 공부하다 계속 공부할 수 있는 여유가 사라졌다. 다른 방도가 없어 장녀가 살고 있는 워싱턴으로 내려왔다. 또다시 방 한 칸을 사용하며 동거하게 되었다. 장녀는 학교 교사였다. 사위는 박사 코스를 수업하는 유학생이었다. 아직 여유가 없는 장녀의 신세를 지게 되었다. 미안하기 짝이 없다. 그럼에도 불구하고 오갈 데 없는 우리는 염치없지만, 함께 살 수밖에 없었다.

가족 중심으로 교회를 개척하였다. 미국 장로교에 가입 허락을 받았다. 내가 동포를 위해 세운 종합학교의 스페인어 선생이 되었다. 교사가 되고 교장을 만나 상의하였다. 학교의 교실 하나를 예배 장소로 사용하게 되었다. 우리 삼 남매와 사위의 가족도 개척교회에 출석하였다. 어린아이같이 연약한 개척교회에 찾아오는 사람은 없었다. 그럼에도 불구하고 교회를 개척하여 노동 비자를 취득하였다.

나의 박사 학위 수여식

동시에 뉴욕에서 영어 학원을 다니고 신학과 상담학을 공부한 것은 평생에 매우 값진 것이 되었다. 거기서 취득한 학점을 인정받아 워싱턴침례대학에서 계속 상담학 박사 공부를 하였다. 훌륭한 교수진 아래에서 힘들게 공부를 계속하여 목회학 박사학위를 취득하였다. 여기까지 오기에는 숱한 걸림돌이 있었다. 도저히 공부할 수 없어 수없이 포기하였다. 자포자기하였다. 의외의 환경으로 당시에는 이해하지 못한 일들도 많았다. 나는 아무것도 가진 것이 없는 흑수저였다. 그럼에도 불구하고 오늘의 나가 된 것은 전적으로 하나님의 은혜이다. 졸업식장에는 삼 남매가 꽃다발을 들고 환한 얼굴로 참석하여 축하해 주었다.

미국 시민권자가 되다

대부분 국가에서 영주권을 취득하려면 최소한 5년을 거주해야 한다. 그 기간 동안 물론 범죄를 저지르거나 어떤 사유로든 신원조회에 통과하지 못하면 어렵다. 스폰서가 있어서 경제적인 후원이 확실해야 한다. 장녀와 나는 이러한 필수 조건에 합당하여 장녀를 스폰서로 신청하였다. 몇 개월 이후에 영주권을 취득하게 되었다. 영주권을 취득한 후에는 다시 5년을 경과해야 시민권을 신청할 자격이 된다. 결국 미국 입국한 지 최소한 10년이 경과해야 가능하다. 10년 이상 세금을 내야 한다. 이 모든 조건을 철저히 준비하여 입국한 지 13년 만에 미국 시민권자가 되었다.

시민권 시험도 굉장히 어렵다. 영어는 물론 시험 내용이 만만치 않다. 법률적 용어는 난해하다. 무조건 다 암송해야 한다. 필기시험이 아니라 엄격한 시험관과 인터뷰를 한다. 우리 같은 나이 많은 시니어들은 합격하기가 하늘의 별 따기이다. 시민권 시험 준비를 위한 공부반이 많은 학교에 있다. 일반 대학에도 있고 교포들이 운영하는 시니어 학교가 있다. 우리 내외는 학교에 다니지 않고 유튜브를 보면서 독학으로 준비하였다. 몇 개월을 머리를 싸매고 둘이서 열심히 공부하였다. 교대로 질문을 하고 대답하는 인터뷰 연습에 집중하여 준비하였다. 드디어 합격통지서를 받게 되었다.

합격하는 날, 아프리카에서 온 어느 아저씨는 얼마나 기뻤는지 나에게 사진을 찍어 달라고 부탁하였다. 무슨 사연인지 혼자 왔다. 사진을 촬영하는데 온갖 제스처를 다 쓰면서 계속 찍어 달라고 하였다. 도와주는 내가 이제 그만했으면 하는 마음이 들 정도로 끝도 없이 부탁하였다. 얼마나 기쁘면 저럴까 싶어 그만하자고 할 때까지 찍어주며 같이 기뻐하였다.

미국은 세계 최강국이다. 시민권자를 보호하고 지키는 것은 국력이다. 자존심이다. 만일 시민권자가 위기에 처한다든지 불이익을 당한다든지 불행한 일을 만나면 지구상 어디라도 끝까지 찾아가 구해온다는 말이 있다. 물론 국가가 전쟁한다면 나라를 위해 전쟁터에 자발적으로 나가겠다는 서약도 한다. 내가 터키를 방문하였을 때는 한국인은 프리패스지만, 미국인은 비자를 확인하는 것을 보았다. 영국을 여행 갔을 때는 미국 영주권자라고 말을 하니 프리패스였다.

미국에 입국한 지 13년 만에 시민권자가 되었다. 장녀는 스폰서가 되었고, 막내는 변호사로서 모든 법률적 절차를 무료로 도와주었다. 아무 연고자가 없지만, 자녀들을 통하여 일하시는 하나님이 여기까지 인도하셨다. 에벤에셀 하나님!

미국 이민 교회 목회

발도스타(Valdosta)는 조지아주에 있다. 애틀랜타에서 남쪽으로 4시간 거리에 위치한다. 1시간가량 더 내려가면 플로리다주이다. 고온다습한 특이한 기후가 나타나는 지역이다. 미국 장로교 대서양 한미노회에 소속하고 있다. 조그만 소도시이다. 주립대학이 있고 공군부대가 있다. 주립대학에 유학 오는 학생들과 공군부대에 근무하는 군인 가족이 교인의 구성원이다. 과거에는 부대에 오는 군인들이 수시로 오고 가기 때문에 교인 수가 증가하기도 하고 변화가 많아 부흥하기도 하였다. 그러나 최근에는 부대가 오직 훈련병만 오고 훈련받으면 배치받아 떠나기 때문에 교인의 변동에 아무런 작용을 하지 않는다. 그나마 한정된 한인사회에 교회가 두 개나 있다. 원래는 우리 장로교회가 시초이고 분열하여 침례교가 생겼다.

양쪽 교인 수는 20여 명으로 겨우 현상 유지를 하는 정도이다. 재정적으로 자립하지 못하여 노회의 보조금을 받고 있다. 만 4년간 목회하고 그 교회에서 은퇴하였다. 4년 동안 많은 일들이 일어났다.

이민 교회 중에 미국 군인과 한국인 여성이 결혼을 한 가정을 통하여 개척된 경우가 적지 않다. 어떤 의미에서 그들의 기도와 헌신으로 하나님의 교회가 세워졌으니 그들은 개척자들이요 공로자들이다. 한인 여성들은 문화 충격을 받고 말로 다 할 수 없는 고난을 믿음으로 극복한 이민 교회의 선구자들이다. 낯선 타국에 남편 따라 태평양을 건너와 몸이 부수어질 정도로 고생을 한 자들이다. 무슨 일이든 투잡, 쓰리잡(two or three jobs)을 뛰면서 경제적 자립을 이루어냈다. 남편을 공부시켜 좋은 직장을 가지게 한 여성도 있다.

어떤 성도는 플로리다주에 살고 있다. 스와니강을 지나 1시간이나 운전하여 출석한다. 부인은 예배에 참석하지만, 남편은 주차장에 세워둔 차에서 예배가 그칠 때까지 기다린다. 무려 십 년이나 그렇게 하였다. 그 이유는 한국어로 설교를 하기 때문이라고 말했다. '세상에 이럴 수가 있나!' 주차장에 있는 그의 차로 가서 "나오세요!" 손을 끌어당기면서 "부인과 함께 예배에 참석합시다!" 그다음 주부터 당장 통역기를 구입하였다. 유학생들을 통역사로 세웠다. 주중에 미리 원고를 건네주어 번역을 준비하게 하였다. 분량이 많으면 학생 두세 명이 나누어 번역하고 설교할 때는 한 학생이 통역하였다.

그는 교회 생활에 적응을 잘하게 되었다. 집사로 임명하였다. 그는 천사라는 별명을 가진 마음씨 착한 신사였다. 얼굴만 보아도 착하게 보인다. 성찬식을 거행하면 여자 장로와 그 미국인 집사님을 배병 위원, 배잔 위원으로 봉사하게 하였다. 종종 그 집으로 심방을 갔다. 부인이 질병이 있어 치유의 은혜를 내려 달라고 간절히 기도를 드렸다. 예배를 마치면 집 안에 있는 열매를 듬뿍 선물로 주었다. 피칸(pecan)은 아주 영양가 있는 견과이다.

발도스타 교인 미국인 남신도 2명

교회에 나오지 않는 남편들이 많이 있었다. 그들은 동질감이 있는 형제들이다. 기도했다. "그들이 남신도회를 조직하여 여성 중심으로 유지해 온 교회에 새바람이 불어오게 하소서!"

또 다른 집사님의 남편이 있다. 거리가 아주 먼 곳에 살고 있다. 그는 집에서 가까운 미국교회에 출석하고 있는 집사였다. 한국어 설교를 이해할 수 없다고 부인만 보내고 자기는 다른 교회를 다녔다. 부인은 다른 여신도가 차로 데려오고 있었다. 그 사실을 알게 되자마자 그를 찾아 심방을 갔다. 부부가 함께 교회를 다녀야 축복이다. 통역을 한다. 축복 기도를 하고 돌아왔다. 그러나 곧장 나오지 않았다. 미국 교회에서 하는 일이 있다. 아직은 나올 수 없다. 어느 날 나는 그 부인을 데리러 갈 상황이 일어났다. 워낙 먼 거리인데 도로에 공사를 하고 있어 중간에 차가 많이 막히고 있었다. 그 집사님의 집까지 갔다가 교회당으로 도착할 수 있는 시간을 계산해 보니 도저히 예배 시간에 맞추어 돌아올 수가 없었다. 하는 수 없이 남편에게 전화하여 자초지종을 설명하였다. 부인에게 미안하지만 기다리지 말라고 전하도록 부탁하였다. 몇 주간을 데리러 갔다. 어느 날은 "당신이 믿음 있고 아내를 사랑하는 사람이라면 이렇게 먼 거리에서 내가 데리러 와야겠느냐?", "다음 주부터는 당신이 부인과 함께 교회에 나오기를 바란다"고 말했다. 그때부터 내가 교회를 사임하고 떠나오는 날까지 부부가 열심히 참석하였다.

그는 싱글인 동생도 전도하여 참석하였다. 동생은 열두 가지 재주가 있다. 건축가요, 요리사요, … 낚시꾼이다. 교회당과 사택 건물에 문제가 발생하면 곧장 수리해 주었다. 매주 손수 요리하여 친교 시간에 대접하였다. 온갖 곡식과 과일을 트럭에 싣고 와 교인들에게 나누어 주었다. 나를 불러 같이 낚시를 즐겼다. 난생처음 낚싯대를 잡아 보았다. 고기가 갑질을 할 때 그 손맛이 그렇게 즐거운 것인지 알게 되었다.

그리하여 미국인 남자만 세 명(Robert, Richard, Kellogg)이 되었다. 그들 중심으로 남신도회가 조직되었다. 아직도 비슷한 남편들이 많이 있다. 그들을 잔디도 깎게 하였다. 대청소도 하게 하였다. 수십 년 만에 처음 있는 일이라고 스스로 기뻐하였다.

아내는 유학생들에게 음식 대접을 잘하였다. 맛있는 반찬을 만들어 자취하고 있는 학생들에게 심방을 가서 전달해 주었다. 서울에서

발도스타교회 부활절

온 어느 여학생은 자기의 어머니같이 음식 솜씨가 좋다고 말하면서 좋아하였다. 서울에 계시는 어머니가 고맙다고 선물을 보내 주었다. 사랑으로 남을 대접하라. 이것이 황금률이니라.

목사 가운

유학생들이 십시일반 하여 나에게 목사 가운을 선물로 주었다. 선교사로 떠날 때 모든 소유물을 지인들에게 나누어 주었다. 목사 가운도 목사가 될 조카에게 주었다. 선교지에서도 가운 없이 사역을 하였다. 그러나 미국 이민 교회에서는 목사 가운이 필요하다. 학생들이 나를 생각하여 깜짝 선물을 한 것이다. 돈이 문제가 아니라 그들의 사랑의 마음이 너무나 고마웠다. 예배 시간에 온 성도에게 자랑하였다. 성도들은 유학생들에게 큰 박수를 보냈다.

참전용사 초청 잔치

이 나라의 현충일을 메모리얼 데이(Memorial Day)라고 부른다. 미국의 군인들은 전 세계에 민주주의 국가를 건설하기 위해 전쟁터에 나가서 목숨을 바친다. 수많은 이십 대 젊은이들이 한국전쟁이나 월남전에 참전하여 피를 흘렸다. 그들의 평화를 사랑하는 정신을 기리고 목숨을 바친 자들을 추모한다. 특히 한국전에 참전한 생존해 있는 영웅들을 초청하여 대잔치를 베풀었다.

그들은 물론 국가에서 영웅 대접을 하고 있다. 한국교회가 한국전에 참전한 용사를 초청하여 대잔치를 하는 것은 의미심장한 사건이다. 교회는 여러 면에서 약하지만 숭고한 뜻을 가지고 잔치를 베풀었다. 여성도들의 남편들인 교인들도 군인 출신이라 모두 기뻐하고 행사에 적극 참여하였다. 놀라운 것은 참전용사들의 단체가 있었으며 그 모임의 임원과 회원들은 아주 기뻐하며 자신들이 스스로 용사들을 동원하여 참석하도록 힘을 썼다. 뿐만 아니라 신문 기자도 대동하여 언론에 홍보도 해 주고 뉴스로 아름다운 소식을 널리 알려 주었다. 교회 역사상 처음 있는 사건이었다. 지역사회에 코리안 교회가 매우 좋은 일을 한다고 소문이 나기 시작했다.

발도스타교회 참전용사 초청 만찬

잔치를 베풀기 전에 감사예배를 드렸다. 마침 참전용사 가운데 목사가 있었다. 지팡이를 짚고 사모님이 부축하여 참석하셨다. 그분이 설교하시게 배려하였다. 통역은 주립대학 교수를 초대하였다. 그는 한국인으로 주립대학에서 과학을 가르치는 교수로서 실력 있는 분으로 정평이 나 있다. 아내는 미국국가를 불렀다. 나는 광고와 축도를 하였다. 우리 교회는 이미 강단에 태극기와 성조기를 벽 양쪽에 부착해 놓았다. 태극기는 대사관을 통하여 구하였다. 그들은 성조기를 보며 거수경례를 하였다.

그 이듬해에는 교회당에서 행사를 하지 않고 음식점에서 대접하였다. 교인이 운영하는 일본식 스시집에서 소수의 참전용사를 모시고 정중하게 대접하고 선물도 증정하였다.

유학생을 위한 영어 성경공부반

유학생들을 전도하기 위한 목적으로 영어 성경반을 개설하였다. 앞서 언급한 교수를 강사로 초청하였다. 강의는 교수가 하고 성경 지식이 필요한 것은 옆에서 내가 도와주었다.

동시에 주말에는 호텔에서 유학생들에게 시사 영어반을 운영하였다. 호텔 사장은 유대계 미국인으로서 매우 친절하고 식견이 높은 분이다. 세계 여행을 좋아한다. 애인이 한국 여성이다. 내가 두 분이 사귀는데 여러모로 중재 역할을 해 주었는데 지금은 결혼하여 부부가 되었다. 남자는 아내와 여자는 남편과 사별한 지 십 년이 지났다. 우연히 두 분은 가게에서 주인과 손님으로 만났다. 눈이 마주쳤다. 상당 기간 사귀었다. 남자는 처음에는 결혼 대상자로 생각하지 않았다. 다만 세계 여행 동반자로 여기었다. 인간의 만남과 이별은 우연이 아니라 필연인가 보다. 두 분은 얼마 동안 우리 교회에 출석하였다. 남자는 철저한 유대교도로서 예수를 메시아로 인정하지 못하고 언어의 장벽도 있어 그만두었다.

엉덩이 혹 수술

언제부터 왼쪽 엉덩이에 조그만 혹이 생겼다. 신경 쓰지 않았고 시간이 지나면 없어지겠지 무시했다. 아니다. 점점 커졌다. 자주 아프기도 하고 커지기 시작하였다. 이젠 보기도 흉하고 손가락 마지막 마디 정도의 크기로 자랐다. 목욕탕에 가면 수건으로 가리고 다녔다. '더 커지기 전에 제거해야지.' 정형외과 의사를 물색하였다. 다행히 오바마케어로 보험 커버가 되었다. 혹 제거 수술을 위해 사전에 준비하는 데 많은 시간도 소요되고 여러 간호사, 사무원, 마취 전문의사 등 17명을 만났다. 전문화, 세분화되어 있다. 미국에서 병원비, 의료비는 상상을 초월하게 비싸다. 그 이유는 전문화되어 있기 때문이라는 말을 들었다. 담당 의사를 만났다. 소스라치게 놀랐다. 화상을 입어서 얼굴도 보기에 흉하고 손가락도 자유자재로 움직이지 않았다. 그럼에도 불구하고 의사가 수술하기 전에 17명이나 환자인 나를 준비시켜준 것이다. 의사의 실력과 권위를 인정한다는 의미이다. 어느 나라이든 마찬가지일 것이지만 미국에서 의사나 변호사가 된다는 것은 대단히 어려운 것이다. 머리도 좋아야 하고 많은 노력을 해야 된다. 그래서 그들은 존경을 받는다.

도둑

어느 날 멀리 출타 중이었다. 우리 교회에서 도로 건너편에 미국

교회가 있다. 미국 교회 목사님이 전화가 왔다. 내 사무실의 창문이 열려 있다는 것이다. 도로변에 있는 창문에는 조그만 에어컨을 매달아 놓았다. 그것이 사라지고 창문이 뻥 뚫려 있다는 것이다. '그럴 리가! 웬일인가!'

그 에어컨은 앞서 언급한 로버트 집사가 헌납한 것이다. 사무실이 뜨거운 햇볕으로 달아오르면 도저히 앉아 있을 수 없을 만큼 무더웠다. 선풍기를 설치하였다. 그러나 로버트 집사님이 선풍기보다 에어컨을 사용해야 된다고 헌납한 것이다. 손수 매달아 놓는 작업까지 한 의미 있는 성구이다. 서둘러 교회당에 도착하여 살펴보니 사무실에 있던 컴퓨터, 비디오 사진기, 에어컨 등 중요한 기기를 싹쓸이해갔다. 경찰에 의하면 그날 밤에 도시에 있는 많은 교회가 도둑을 맞았다고 한다. 동일범이 아예 차를 가지고 그 나쁜 짓을 한 것이다. 이웃인 미국 교회 목사의 아들이 찾아와 위로해 주면서 새로운 컴퓨터를 선물로 주었다. 세상에는 도둑놈이 있는가 하면, 남의 아픔을 치유해 주는 사람도 있다. 지금 그 컴퓨터를 사용하고 있다.

4년 목회하는 동안 몇 차례 장례식을 거행하였다. 우리가 부임하여 이삿짐을 싣고 교회에 도착한 날, 교회당 열쇠를 가지고 맨 처음 만난 여자 집사님, 창백한 얼굴에 바싹 마른 몸이었다. 유달리 눈이 큰 미인이었다. 우리와 인사를 나누고 교회당의 문을 열어 주었다. 안으로 들어가 무사히 도착하여 간단히 감사 기도를 드렸다.

교회당에서 약 2킬로미터 떨어져 있는 사택으로 이삿짐 차는 움직였다. 미자립 교회이지만 동네에 사택을 가지고 있다. 사택은 방이 세 개이고 독채이다. 앞뒤에 넓은 잔디밭이 있다. 아내는 뒤편에 있는 넓은 잔디밭의 한구석에 텃밭을 만들었다. 상추, 들깨, 고추, 미나리, 무, 호박, 마늘, 파 등등 온갖 채소와 과일을 심었다. 싱싱하고 푸른 채소를 맘껏 먹고 살았다. 이웃집들도 넉넉한 땅에 전형적인 아름다운 집들이다. 대부분 군인 가족들이 살고 있었다. 이웃에 사는 미국인들은 아주 친절했고 형제처럼 사귀고 잘 지냈다.

첫 번째 만난 여집사님은 젊은 나이에 딸 하나 남겨두고 천국에 올라가셨다. 말기 암에 걸려 이 세상을 이별할 때까지 병이 깊은 것을 모른 채 직장을 다녔다. 새집을 장만하였다. 자가용도 새것을 샀다. 평생 군인인 남편 따라 태평양을 건너 머나먼 타국 땅에 이민을 온 나그네, 남편 하나 믿고 의지하며 살았는데 그 남편을 먼저 하늘나라에 보내고, 아들마저 똑같은 암으로 그 집사님이 죽기 직전에 사망하였다. 멍든 가슴을 쓰다듬으며 아무 연고도 없이 외로움을 달래며 이제 겨우 살만하게 되었는데….

환경과 처지가 비슷한 많은 여신도회 회원들과 교인이 아닌 친구들이 눈물을 삼키면서 장례식을 준비하였다. 강단 아래에 고인의 사진과 이제 한 줌의 재가 된 그녀를 담은 조그만 항아리, 평생에 즐겨 읽던 손때 묻은 성경책을 진열해 놓았다. 교회당 안에는 조화가 가득 찼다. 따님의 남자 친구도 참석하였다. 조객이 자리를 다 채웠다. 코리안과 미국인이 반반이다. 한국어와 영어로 설교를 하였다. 목멘 소리로 원고를 침착하게 읽어 내려갔다. 모두 숙연해졌다. 이 장례식을 참석하고 예수 믿기를 결심한 자도 있다.

아내는 그날 다음과 같은 시를 읊었다.

<김애자 집사님과의 이별>

별세 직전

자식 먼저 떠나보낸

그대의 저린 가슴

새집 마련하여

그리도 행복해하던 짧은 시간들

이 세상 부여잡은 모든 것 내려놓고

떠나가야만 하기에 아쉬워하던 그 모습

구원받은 자에게

죽음은 종말이 아니라

부활이란 선물이 주어지는 고귀한 시간

영원한 빛과 평화의 나라에서

주님과 함께 영원히

동거동락 하소서!

또 다른 장례식은 여집사의 남편을 위한 것이었다. 그는 믿음이
좋고, 고향 교회인 미국 교회를 따로 다녔다. 우리 교인들은 상당한

거리에 있는 미국 교회당에 찾아갔다. 많은 조문객이 큰 교회당에 가득 찼다. 타주에서 살고 있는 유일한 아들이 조사를 말했다. 목이 메어 우느라 말을 이어가지 못했다. 예배를 마치고 묘지로 운구해 나갈 때 눈물을 참다못해 여 집사님은 통곡하였다. 그 눈물을 바라보며 우리 교인들도 같이 울었다.

또 다른 장례식이 있었다. 앞에서 언급한 천사라는 별명을 가진 미국인 형제의 부인이다. 먼저 천국에 가신 여집사는 창립 멤버이다. 한 시간 거리인 플로리다주에서 수십 년간 주일 성수한 분이다.

평소에 말이 없고 조용한 분이다. 남편의 고향 교회에서 장례식을 거행하였다. 장지는 다른 주에 있었고 꽤 멀었는데 교인들과 다 함께 차로 이동하였다. 도착하여 보니 너무나 쓸쓸하고 처량하였다. 조객도 가족과 친척 몇 분이었다. 조화도 우리 교회에서 보낸 것 한 개뿐이었다. 이렇게 적막한 분위기 속의 장례식을 본 기억이 없다. 담임목사님이 말씀을 전하였다. 나는 기도 순서를 맡았다. 고인이 된 집사님이 나에게 마지막 한 말은 "목사님! 교회 와서 먹는 밥이 너무 맛있어요." 바로 전 주일날 친교 시간에 한 말이다.

의사의 진단은 심장마비라고 하였다. 언제나 심방을 가면 테이블 위에 갖가지 약병이 가득 놓여 있었다. 병들어 눕기 전에 예수 잘 믿어야 한다. 건강할 때 기도에 힘쓰고 전도에 열심을 다 해야 한다. "어둔 밤 쉬 되리니 내 직분 지켜서."

너무나 슬프고 마음이 아파 천국 가신 집사님을 생각하면서 다음과 같이 시를 읊어 보았다.

미처 피지도 못한 가련한 꽃봉오리 꺾이어

몹쓸 아버지의 노름빚 여린 몸으로 홀로 짊어지고

친구들은 책가방 메고 학교 갈 때

난 주인의 아가 업고 눈물로 보냈지요

칠흑 같은 어둠 속에 한 줄기 빛 비추어

하늘에서 보내 준 천사와 열여섯 되는 때

똑같은 숫자의 연상을 만나

태평양 건너 낯선 나라에 온 지 반세기

눈 귀 입을 가린 삼중고의 이십육 년의 세월이 흘러갈 때

꼭 필요한 하늘나라 알게 되어

비로소 내 안의 나를 찾았네요

내 장례식장 조객은 이십여 명

조화는 교회에서 보낸 딱 한 개

조가는 친구들이 불러 준 햇빛보다 더 밝은 천국

조촐하고 쓸쓸해도 괜찮아요

마지막 남기고 간 말 두 마디

난 교회 오면 마음이 평안해요

내 남편은 천사예요, 천사예요, 천사!

(집사님의 친구가 된 나는 행복합니다. 부디 천국에서 만나요.)

방용남 안수집사 안수식

만 4년간 목회 여정 중 가장 감사할 일은 집사 안수식을 거행한 것이다. 집사님은 창립 멤버이다. 장거리에 떨어져 있는 다른 도시에서 출석한다. 주일성수와 십일조가 생활화된 분이다. 전역한 성실한 미국인 군인인 남편과 불과 몇 해 전에 사별하였다. 미인이다. 교통사고로 아들을 잃고 본인은 허리를 다쳐서 대수술을 받았다. 딸이 하나 있다. 잡화상 가게를 운영한다. 주일은 문을 닫고 교회에 나온다. 아름다운 목소리로 성가대원이 되어 봉사하였다. 장로가 될 차례에 사정상 되지 못하였다.

노회에서 주관하여 멀리서 목사들이 방문하였다. 뜻깊은 안수식을 거행하였다. 많은 친구가 자리를 가득 채웠다. 이웃 침례교회 목사와 교인들도 참석하여 자리를 빛내어 주었다.

나는 평생 나그네처럼 살았다. 평안하게 고난 없이 사는 사람보다 가난하고 병들고 소외되고 무식하며 힘없는 민중들에게 체질적으로 친근미를 느꼈다. 나는 그들이 너무 사랑스럽고 자연스럽게 좋았다. 가진 자, 교만한 자, 기득권자, 바리새인 같은 사람은 마음속에서부터 싫고 거부감을 느낀다. 그래서 하나님은 그런 형제자매를 만나게 해 주신 것 같다. 나 자신이 자유함을 누리며 사역하도록 인도하신 하나님을 찬양한다. 루터가 말한 것처럼 "자유인이나 종처럼 살려고" 노력하며 살아왔다.

미국은 자연재해가 심한 나라이다. 땅도 넓고 크지만 해마다 태풍

방용남 안수집사 임직식

이 모든 것을 파괴하며 지나간다. 교회당과 사택이 태풍으로 피해를 입었다. 보험사에서 보상해 주었다. 전화위복이라고 교회당 지붕을 새것으로 갈았다. 사택의 지붕도 고쳐서 새것이 되었다. 전문가와 교인들이 동원하여 작업을 하였다. 우리 내외도 찬송을 부르며 작업에 동참하였다. "주여! 건물만 새것이 되지 않고 성도들의 믿음도 새로워지도록 도와주소서!"라고 기도하면서 발도스타교회에서 은퇴할 것으로 생각하였다.

2년 후가 되면 70세가 된다. 정년 은퇴를 하고 편히 쉬고 싶었다. 그런데 갑자기 워싱턴에 시니어 아파트가 당첨되었다. 아파트 매니저가 지금 입주하지 않으면 언제 다시 입주할 수 있을지를 장담할 수 없다고 한다. 은퇴를 하나, 포기하고 아파트로 이사하나? 고민하며

여신도 2명에게 세례를 베품

기도하였다. 결론은 목회를 그만두고 안식하기로 했다. 시니어 아파
트 입주, 이런 기회는 다시 오기 어려우니 서둘러 이사하기로 하였다.

송별 예배

노회에서 주관하여 갑자기 일어난 일이라서 사임 절차를 밟고 후임자를 물색하였다. 전별금과 이사 비용도 교회에서 부담하라고 지시를 내렸다. 사실은 재정이 빈약하여 상당 기간의 사례비도 받지 못하였다. 그런데 최근에 기적이 나타나 재정이 양호해진 상태였다. 충분히 전별금과 이사 비용을 부담할 수 있을 정도로 재정이 확보되었다.

그러나 밀린 사례비나 전별금은 받지 못하였다. 이사비용도 반절만 받았다. 교회에서 시니어 아파트는 장거리에 있다. 이사비용도 꽤 많이 들었다. 표현하지 못했지만 나는 속으로는 서운했다. 나로서는 최선을 다하여 사역에 열심을 다 하였으며 재정도 여유 있게 확보하였건만….

막내는 나의 상황을 듣고 이사 비용에서 부족한 것을 다 해결해 주었다. 나중에 이야기를 들어 보니 그때 뜻밖의 수입이 생겼는데 정확하게 나에게 필요한 그 액수만큼 발생했다는 것이다. 그 이야기를 들으면서 오래전에 기도한 내용이 생각났다. "주여, 목사로서 절대 부모 형제에게 신세 지지 않게 해 주세요. 주여, 교회 재정부장의 눈치를 보면서 목회하지 않게 해 주세요. 자녀들을 축복해 주셔서 자녀들이 나의 모든 것을 도와주도록 해 주세요." 기도는 정확하게 해야하고 반드시 응답받는다.

임시 목사(Interim Pastor)*

시니어 아파트에 입주하게 된 이야기는 다음에 자세히 나눌 것이다.
노회에서는 발도스타교회 사임과 동시에 은퇴 목사로 허락하였
다. 마침 정기노회가 열렸다. 선배이신 조남홍 목사님과 함께 은퇴
목사가 되었다. 놀라운 사건이 일어났다. 그 자리에서 바로 나를 임시
목사(interim pastor)로 결의를 한 것이다. 임시 목사는 목회자가 비어
있는 교회에 가서 임시 당회장이 되고 설교 목사가 되는 제도이다.
따라서 한 주도 빠짐없이 주일에 설교하게 되었다.

두 자매(양예진, 정윤자 성도)에게 세례를 베풀었다. 교회를 다녔으나
때를 놓쳐서 세례를 받지 못한 분들이다. 세례문답을 교육하고 필기
시험도 치렀다. 한 분은 고등교육을 받은 분이라서 거의 만점을 얻었
다. 면접시험도 간단하게 통과되었다. 후일에 그녀의 남편을 만났다.
그는 모태신앙으로 지성인이고 작가이다. 한국일보에 칼럼을 오랫동
안 쓰고 있다. 그의 말에 의하면, 부인은 몇 대째 독실한 불교도 집안
에서 태어났다. 수십 년을 부인이 예수 믿고 구원받게 해달라고 기도

---

* 우리가 사는 아파트에서 멀지 않은 곳에 위치하고 있다. 우리 내외는 평생 새로운 교회
에 부임하면 40일 작정 기도를 해 왔다. 철야를 하기도 하고 금식 기도도 했다. 성령님
은 부임한 교회의 영적 상태를 계시해 주셨다. 영적 진단을 하여 대처하는 지혜를 구한
다. 거의 틀림없는 사실로 나타난다. 대부분 동물들이 나타난다. 그 내용은 밝힐 수는
없다. 지극히 주관적이고 개인적인 것이기 때문이다. 공개는 할 수 없으나 개인적인
질문을 한다면 대답을 할 수 있다. 우리는 믿는다. 성령님이 앞서 불기둥, 구름기둥으
로 인도하고 계시다는 것을…. 사람은 실수하지만, 성령님은 실수하지 않으시는 분임
을….

를 해왔다. 철저히 세례문답 공부를 시키고 필기시험까지 치르고 면접도 합격하였다고 하니 놀라워했으며 나에게 감사하다고 인사를 하였다. 그는 사정상 다른 교회를 오래 다녔다. 지금은 나이가 77세나 되지만 구제 선교에 힘을 다하고 있다. 코스트코(COSTCO)에서 이십여 년 근무하면서 구제 선교를 해 오고 있다. 국내는 물론 전 세계에 많은 선교사가 파송 받아 구제 선교를 하고 있다. 미국 선교 단체는 역사가 깊고 아주 체계적으로 운영하고 있다. 한국인 선교사로서 미국 선교 단체의 선교사가 되는 것은 용이하지 않다. 그럼에도 불구하고 성실하고 믿음 좋은 중견급 사원으로 인정받아 구제 선교의 한 부분을 담당하는 흔하지 않은 한국인 선교사가 된 것이다. 아내가 나에게 세례를 받았다는 세례 증서와 사진을 액자에 넣어 벽에 걸어 놓았다. 매일같이 그 사진을 바라보며 하나님께 자신의 기도에 응답하셔서 감사를 드리며 아내가 구원받았으니 감사하며 집례한 나에게도 늘 감사한다고 말을 하였다.

다른 분은 시험을 부담스럽게 생각하였다. 중요한 것은 암송하지 못하더라도 내용을 이해하고 믿는다고 고백하는 것이다. 그래서 두 분을 함께 교육하고 세례를 베풀었다. 아름다운 발자취가 되었다.

요양원 사역

주일에 한 번도 설교하지 못한 적이 없다. 곧장 어디에서 설교를 할 수 있을까 수소문 끝에 요양원에 가게 되었다. 말이 요양원이지

미국 요양원 사역

죽음을 기다리는 중환자가 많이 있는 곳이다. 약 4개월을 다녔다. 아내와 함께 간식을 준비하고 휴식 시간에 맞추어 조그만 회의실 공간에서 예배를 드렸다. 간식도 거창한 것이 아니다. 그들은 한국산 요구르트를 좋아한다. 음식과 간식은 정부에서 무료로 공급한다. 그들은 먹을 것이 중요한 것이 아니다. 외로움이다. 같이 울어 주고 상담을 통하여 이야기를 들어 주는 친구가 필요하다. 설교도 거창하게 할 필요가 없다. 약 5분 정도 구원의 확신을 가지게 하는 것이 중요하다. 천국에 대한 소망을 가지게 하는 것이 핵심이 되어야 한다.

어느 노인은 아들이 사업으로 성공하였는데 이곳에 어머니를 보내 놓고 처음 1년은 명절이 되어 두어 번 방문하였다. 해가 거듭되고 세월이 흐르게 되니 아예 아무도 방문하지 않는다. 이젠 보고 싶은 자식도 손자도 잊어버리고 살고 있다. 그 권사님은 우리가 방문하는 날은 아침부터 대문 앞에서 눈이 빠지게 우리를 기다린다. 만나자마자 우리를 안고 손을 만지작거리면서 눈물을 글썽인다. 그것이 우리가 방문하는 이유이요 목적이다.

다양한 민족이 함께 동거한다. 완전히 시체가 되기 직전의 상태의 몸이 들것에 실려 간호사의 도움으로 예배에 참석한다. 드러누운 채 찬송을 부르면 손가락을 움직이며 박자를 맞춘다.

어느 자매는 식물인간이 되어 십여 년째 누워만 있다. 눈만 떴다가 감았다가 한다. 표정도 없다. 기도를 듣고 있는지 알 수 없다. 그냥 얼굴만 바라보고 아무 말도 나오지 않는다. 인간의 생명이 그렇게 질긴 것인지….

열심히 요양원을 다니며 사역을 하고 있었을 때에 아들이 교회를 개척하였다. 요양원을 그만두고 개척교회의 협동목사로 주님을 섬기게 되었다. 엘림선교교회이다.

은퇴 후 생활과 협동 목회

아들은 우리 내외를 배려하여 나는 협동목사이며 하나님의 꿈 선교회(GDM: GOD's Dream Mission) 회장으로 일하게 자리를 만들어 주었다. 아내는 중보기도회 인도자인 선교사로 임명해 주었다.

아들 임삼열 목사(Pastor Samuel Lim)

엄마의 배 속에 있을 때 엄마는 기도를 드렸다. '주의 종으로 바치겠습니다.' 어려서 옹알이를 하며 말을 떠듬떠듬하기 시작할 때 엄마는 따라 하라 말하고 가르쳤다. "나는 앞으로 커서 임씨 가문을 빛내겠습니다. 그리고 훌륭한 목사님이 되겠습니다." 뇌리에 스며들도록 한 주입식 교육법이다.

7세가 되어 환상 중에 예수님을 보았다고 하였다.

코스타리카에서 고등학교를 졸업하고 미국으로 유학을 갔다. 수학을 잘하여 수학 선생의 보조수로 아르바이트를 하였다. 침례교 선교사인 교장과 수학 선생의 추천으로 침례신학대학에 입학하였다. 졸업 후에 순복음신학대학원을 졸업하였다. 특히 영어권 청소년을 위한 전도사로 다년간 경험을 쌓았다.

개척은 아들의 집에서 시작하였다. 그 후 미국 교회당을 빌려서 사용하였다. 오후 예배를 드릴 수밖에 없다. 공동 식사도 한국 음식의 냄새 때문에 미국 교회는 꺼린다. 이렇게 제한받으며 사용하다가 팬데믹이 극성을 부리는 시기가 되었다. 줌으로 예배를 드렸다. 상황은 개척교회의 가는 길을 갈수록 어렵게 하였다. 주변의 여러 개척교회가 문을 닫기도 하였다.

개척을 시작한 후에 아들은 안나산기도원에 올라가서 40일 금식 기도를 올려 드렸다. 과거에 30세에 40일 금식 기도를 드렸으며, 이번에 다시 40세에 40일 금식 기도를 드렸다. 가족과 개척자들이 며칠씩 함께 금식 기도를 드렸다. 목숨을 내놓고 간구하는 기도를 신실하신 하나님이 응답하셨다. 무에서 유를 창조하시는 창조주를 믿고 한인 상가에 세를 얻어 이전을 하였다.

한인타운의 중심가에 위치한 상가 건물은 2층으로 되어 있다. 1층을 얻었다. 주변 사람들은 무모한 짓이라고 생각했다. 개척 멤버도 소수이고 팬데믹 시대인데 교회가 세를 감당할 수 있을까, 의아해하였다. 재정 능력이 약한 상태에서 거의 2년을 견디어 냈다. 그동안 40일 사순절 특별 새벽 기도와 금식과 금요 철야 기도에 힘을 다하였다. 모두 어려운 개척 멤버들은 최선을 다하여 교회를 섬기었다. 복숭아, 땅콩 바자회를 하였다. 아무리 어려워도 헌금의 30%를 선교와 구제에 사용하고 있다. 물론 사역자들에게 사례비를 드리지 않았다. 각자 직업을 가지고 일하면서 사역하고 있다. 절대 헌신을 하고 있다.

기적이 나타났다: God Gave Us an American Church Temple for Free!

개척 교인들이 최선을 다하여 충성하고 선교와 구제 활동에 매진하였다. 순복음 교단에 소속된 어느 미국 교회당이 문을 닫게 되었다. 교회를 현상 유지도 할 수 없는 지경에 이르렀다. 교인 수 감소와 재정 능력이 부족하여 운영할 수 없게 되었다. 미국 교회 목사는 다른 곳으로 이전하게 되었다. 다행히 아들은 순복음 신학을 공부하였다. 엘림교회는 독립교회이다. 공동의회를 거쳐 교회는 순복음 교단에 가입하고 목사는 교단의 목사로 가입하기로 결의하였다.

순식간에 교단에서 교회당을 무료로 사용하도록 허락하고 열쇠를 주었다. 백만 불의 가치가 있는 건물과 토지를 믿음 안에서 거저 선물로 받은 것이다. 온 교인이 기뻐 뛰며 주님을 찬양하였다. 쇠퇴해 가는 미국 교회가 가끔 문을 닫게 되어 한인교회에 기부하는 경우가 있다. 우리 교회에 이런 기적이 나타나다니! 하나님의 축복이 아닐 수 없다.

아들은 1.5세로 영어, 한국어, 스페인어로 설교를 할 수 있다. 순복음 미국 교단에 젊고 유망한 한국인 목사가 가입했다는 것은 본인과 교회의 입장에서는 놀라운 기적이요, 교단의 입장에서는 신선한 기대를 가지게 하는 사건이다. 여호와 이레로 여기까지 인도하신 하나님은 엘림교회와 임삼열 목사를 통하여 시대적 사명인 오직 복음 전파와 세계 선교를 하도록 능력을 주시기를 기도하고 있다. 이 수년 내에

부흥케 하소서! 메릴랜드주는 물론 미국에, 더 나아가 오대양 육대주에 복음의 빛을 전하게 도와주소서!

마지막 기도(Last Prayer of My Life)

우리 내외는 하나님의 은혜로 평안하게 살고 있다. 평생 내 이름으로 등기를 내어 살던 집이 없다. 그럼에도 불구하고 정부에서 지은 시니어 아파트에서 행복하고 안전하게 살고 있다. 이 아파트는 대선배 정용철 목사님께서 워싱턴 복지센터를 설립하여 훗날 그 영향으로 세워지게 되었다. 찬송가 597장, "이전에 주님을 내가 몰라 영광의 주님을 비방했다. 지극한 그 은혜 내게 넘쳐 날 불러 주시니 고마워라"를 작사하셨다. 이미 30여 년 전에 한인 동포를 위해 선구자적인 혜안을 가지신 분이다. 정부로부터 4백만 불을 지원받고 주변의 한인 교회들이 십시일반 헌금을 하여 세운 것이다. 그 후 최근에 다시 정부로부터 4백만 불을 지원받아 신관을 건축하였다. 역사는 돌고 도는 것이다. 역사는 선구자적인 안목을 가진 자들을 통하여 발전한다. 선배 목사님의 장례식에 참석도 하였다. 한신 동문과 그 부인들이 조가를 부르기도 하였다.

건강을 위하여 아내와 매일 탁구를 친다. 최근에 배우고 있는데, 당구도 친다. 처음으로 배우는 당구가 이렇게 재미가 있을까! 마틴루터킹수영장에도 다닌다. 또 색소폰을 불고 클래식 기타를 독학으로 배운다.

함께 살고 있는 주민들의 구원을 위해 기도한다. 교회와 자손들을 위해 기도한다.

나는 전북 익산 출신 흙수저이다. 그럼에도 불구하고 하나님께서 나를 세계 선교사로 세워 헌신하게 하시고, 노후에 미국에서 평안하게 살 수 있도록 하셨다. 금수저가 되었다. 가난하게 살았고 바보같이 살았으며, 실수투성이요 부족한 사람으로 살았다. 때를 놓쳐 언제나 지각생이었다. 공부를 할 수 없는 매우 열악한 환경에서 자라났다. 수 없이 자포자기할 수밖에 없는 조건에서 살았다. 그럼에도 불구하고 박사학위를 취득하고 지혜로운 자를 부끄럽게 하고, 좁고 험한 길, 가시밭길을 걸어오면서 탈선하지 않았으며 무사히 마라톤 종점까지 완주하였다.

2 부

카이로스 사건들

◆

소명
이사할 것을 미리 알려주신 하나님

소명

15세에 물세례와 성령세례

한국기독교장로회 대선교회는 나의 고향 교회이다. 60여 년 전에 세워진 교회로서 수많은 목회자를 배출하였다. 역대 목회자는 훌륭한 분들이다. 농촌 교회로서 크게 부흥하여 마을 주민들 거의 전부가 구원을 얻게 하였다.

교회의 개척 당시 상황은 이렇다. 왕희순 장로가 있었다. 우리 마을에는 그의 친척인 왕 씨가 많이 살았다. 아마 그의 친척들을 구원시키려는 목적으로 개척을 한 것 같다. 장로의 아들 왕덕원 집사의 헛간에서 예배를 드렸다.

가마니를 깔고 무릎을 꿇고 기도를 드렸다. 악기는 오직 북 한 개뿐이었다. 둥! 둥! 둥! 북을 치며 손뼉을 치며 목이 터져라 찬송을 불렀다. 통성 기도를 헛간이 무너져 내릴 정도로 드렸다. 어느 날 우리가 예배를 드리고 합심 기도에 힘쓰고 있을 때에 동네 사람들이 "불이야!" 소리를 지르며 달려왔다. 양동이 등을 들고 불을 끄기 위하여 모였다. 그러나 모세가 본 가시떨기 불처럼 타지 않는 불이었다.

우리의 스승 정태기 교수는 그것이 심리학적으로, 과학적으로 가능하다고 말씀하셨다.

고향 교회는 전국에 있는 기도원을 단체로 찾아가서 성령 충만을 받았다. 어린 나도 어른을 따라다녔다. 남경성기도원은 정읍 내장산에 있다. 원장은 정읍제일장로교회 김용안 목사이다. 대선배이다. 당시에는 부흥 집회를 일주일간 가졌다. 새벽, 오전, 오후, 저녁 예배가 있었다. 예배를 마치면 "모두 산에 올라가라. 소나무를 붙잡고 뽑힐 때까지 몸부림치며 기도하라"고 명령을 내린다. 나도 어른을 따라 높은 산에 올라갔다. 열심히 기도하였다. 갑자기 혀가 돌돌 말아지면서 이상한 소리로 기도하게 되었다. 방언이 터진 것이다.

하늘의 영광 하늘의 영광 나의 맘속에 차고도 넘쳐
할렐루야를 힘차게 불러 영원히 주를 찬양하리(찬송가 445장).

내 마음에 기쁨과 환희가 넘치고 입안에서 향내가 진동하고 지금까지 이 세상에서는 결코 맛볼 수 없는 신비한 황홀경에 빠졌다. 계속 그 찬송을 반복하여 부르면서 눈물이 앞을 가리고 천국이 나에게 이루어짐을 느꼈다. 몇 시간을 자리를 뜨지 않고 정신 나간 사람처럼 찬송과 기도를 드렸다.

"내가 너를 사랑하노라. 내가 너를 나의 종으로 삼으리라."

무슨 뜻인지도 모르는데 내 입으로 크게 외치고 있었다. 내 입에서 나온 그 목소리가 내 귀에 분명하게 들렸다. 들리는 소리로 말미암아 마음에 확신이 왔다.

어느 날 환상을 보았다. 우리 집은 동네에서 제일 높은 곳에 위치한다. 집 주변은 야산이고 큰 소나무가 많이 있었다. 큰 소나무 위에 하늘에서 빛이 내리쬐었다. 빛을 따라 하얀 눈송이가 펄펄 쏟아져 내려왔다. 그 광경이 얼마나 아름답고 신비한지 탄성이 저절로 나왔다. 기쁨이 차고 넘치었다. 너무나 놀랍고 신기하여 단숨에 헛간 교회로 달려갔다. 왕 집사의 부인 배 집사님에게 자초지종을 이야기하고 이것이 무엇이냐고 질문을 하였다.

"그것은 소나무는 사시장철 변함이 없다. 너의 믿음은 소나무 같이 변치 않을 것이다. 너는 목사가 될 것이다."

당시 배 집사님은 기도 대장이었다. 나중에 목사의 사모가 되었다. 목포에서 개척하여 성공적인 목회를 하셨다.

드디어 당회장이신 함열교회의 박동석 목사님을 통하여 물세례를 받았다. 박 목사님은 스포츠머리라고 하는 하얀 머리와 하얀 콧수염을 하신 분으로 기억한다. 체구가 우람하시고 키도 크고 몸집도 크신 분이었다. 기침을 많이 하시면서 설교를 하셨다. 자전거를 타고 오셨다. 산신령같이 보였다. 물세례를 받은 그 시점에 위에서 언급한 것처럼 성령세례를 받았다. 내 나이 15세였다.

중학교가 3킬로미터 떨어진 곳에 있는데 걸어 다녔다. 혼자 찬송을 부르며 걸어 다녔다. 우리 마을에서 중학교 다니는 친구가 없었다. "신랑 되신 예수께서 강림하실 때 기쁨으로 주 맞을 준비 됐느냐", "죄에서 자유를 얻게 함은 보혈의 능력 주의 보혈." 빠른 템포로 박자에 맞추어 가볍고 힘차게 걸어가면서 목청을 다하여 불렀다. 금방 학교에 도착하였다. 하교 시에도 마찬가지다.

고교 시절 독실한 친구가 있었다. 꿈속에서 친구와 같이 하얀 세마포를 입고 너울너울 춤을 추면서 아래에서 위로 올라가고 있었다. 위에서 아래로 수많은 사람이 아우성을 치면서 파도처럼 내려오고 있었다. 넓은 길에서 음침한 얼굴과 몸짓을 하면서 지옥에서 울부짖는 것처럼 몸서리치는 어둠이 우리에게 엄습할 때 친구와 나는 그들의 물결을 거슬러 올라가고 있었다. '좁은 문으로 들어가라. 좁고 협착하여 가는 사람 적으나 가시밭길, 험한 길이나 이 길만이 생명의 길이다. 너는 나와 함께 이 길을 갈 수 있다'는 음성을 들었다. 나이는 어리지만 좀 특별한 인생의 길을 갈 것이라는 생각이 들었다.

94선교전주대회를 통하여 선교사 출발

나의 생애에 영원히 잊을 수 없는 두 가지 사건이다. 하나는 앞에서 간증한 15세에 물세례와 성령세례를 받았다는 것이고, 다른 하나는 선교사가 되겠다고 결단을 한 사건이다.

한국에서 18년간의 목회는 파란만장한 생활이었다. 가난에 대한 훈련을 고통 속에서 받았다. 성전 건축을 두 번이나 하면서 사람을 단합시키는 훈련을 받았다. 교회 지도자들의 정치적 갈등 속에서 세상 사람들과 별반 차이가 없으니 명예욕, 권력욕, 소유욕을 버려야 하며 오직 하늘에 속한 자처럼 살아야 한다는 훈련을 철저히 받았다.

금식과 철야와 작정 기도를 통하여 절제하는 영성 훈련을 받았다.

그러나 선교에 대한 관심도 없고 세계 복음화에 대한 기본적인 지식도 없었다. 94선교전주대회는 우물 안 개구리 같은 나에게 선교에 대한 눈을 뜨게 하였으며 세계 선교를 하지 않으면 하나님 앞에 설 자격이 없다는 것을 깨닫게 해 주었다.

바울선교회가 주최한 이 대회는 특히 젊은이들을 선교에 대한 관심을 불러일으키며 나아가 선교사가 되는 결단을 촉구하는 집회였다. 꾸준히 이 대회를 통하여 선교사를 모집하고 훈련시켜 파송하게 하였다. 정말 필수불가결한 집회였다. 나는 우연히 광고를 보고 집회에 참석하였다.

장소는 전북대학교였다. 수일간 세미나를 진행하였다. 이미 전 세계에 파송 받아 목숨을 걸고 사역을 하고 있는 많은 선교사의 간증과 보고를 듣게 되었다. 시간이 갈수록 국내 목회만 해 온 나는 부끄러움을 느끼게 되었다. 선교 현장에서 문화 충격, 언어의 장벽, 다른 기후 속에서 질병, 경제적 고통, 자녀 교육의 어려움, 영성 관리하지 못함 등 셀 수 없는 고난 속에서 오직 주님만을 위하여 인내하며 사역하고 있는 선교 보고를 들었다.

마지막 날 대학 채플에서 폐회 예배를 드렸다.

"이제 내가 살아도 주 위해 살고 이제 내가 죽어도 주 위해 죽네"를 부르면서 통성 기도를 시작하였다. 통성 기도는 엄청난 함성이 되어 채플실이 진동이 일어난 듯하였다. 수백 명이 앉아서 기도하는데 나는 맨 뒤 좌석에 앉았다. 강단에는 대형 십자가가 걸려 있었다. 피땀 흘리면서 목이 터져라 소리 질러 합심 기도를 하였다. 온몸이 땀에 흠뻑 젖고 눈물, 콧물이 쏟아졌다. 십자가를 바라보니 깜짝 놀라웠다. 십자가 위에 내가 벗은 몸으로 매달려 있는 것을 보았다. '육신의 몸은 의자에 앉아 있는데 또 다른 내가 십자가에 매달려 있다니! 바울 사도가 말한 삼층천인가?'

얼마나 수치스럽고 부끄러운 일인가! 통회와 회개하는 고백 기도가 폭포수처럼 솟아 나왔다. 한참 기도에 힘을 쓰다가 다시 십자가를 바라보았다. 또다시 놀라운 광경이 보였다. 매달려 있던 나는 사라지고 대신 예수님이 매달려 있다. 예수님 때문에 나는 감추어진 것이다. 나는 보이지 않았다.

'아! 이것이 나를 위하여 대신 나의 죄 짐을 짊어 지시고 십자가에 못 박혀 죽으셨다는 것이구나!' 신학 서적으로가 아니라 나의 몸으로 스티그마 낙인이 찍힌 것이다. 어떤 핍박과 박해와 고난 속에서도 절대로 부인할 수 없는 나의 구원의 확신을 얻게 된 것이다. 그 환상을 보고 끊임없는 찬양을 하고 나니 평안이 찾아왔다. 15세에 방언을 받고 황홀경에 빠진 것과 매우 흡사한 경험을 하게 되었다. 그때 그 순간의 성령 체험이 선교사가 되겠다는 결심을 하게 하였으며 지금까지 살 수 있는 원동력이요 천국 가는 날까지 변함없이 참고 기다릴 수 있는, 어떤 시험과 유혹이 나를 넘어뜨리려 해도 이길 수 있는, 그리스도 안에서 만난 형제자매를 이해하여 포용할 수 있는, 심지어 원수까지도 사랑할 수 있는, 세상의 모든 욕심─소유욕, 명예욕, 권력욕, 성욕, 노욕, 물욕─을 분토만도 못하게 만들어 주셨다. 할렐루야!

이사할 것을 미리 알려주신 하나님

나는 미련하고 어리석어 코앞에서 일어나고 있는 현실 속에서 늘 갈피를 잡지 못하고 불안해하며 방황하고 바보처럼 낙심하고 불평하며 살았다. 당시에는 왜 이런 일이 나에게 일어나고 있는가? 하나님을 원망하고 환경을 탓하고 남에게 그 책임을 전가하는 잘못된 인생을 걸어왔다. 바보처럼 살았다.

그럼에도 불구하고 하나님께서는 자로 잰 듯 너무나 정확하게 오늘의 나로 인도하셨다. 아브라함은 믿음의 조상이라고 하지만 우리와 같은 성정을 가진 평범한 인간이다. 상황에 따라 거짓말도 잘했다. 미인인 아내를 빼앗기고 죽임을 당할까 봐 두 번씩이나 바로왕과 아비멜렉왕에게 그 여자는 아내가 아니라고 속였다. 두 왕은 사라와 동침하려고 하였다. 그때 천사가 나타나 그 여자는 아브라함의 아내라고 알려 준다. 누가 잘못을 저질렀는가? 두말할 것 없이 아브라함이다. 그럼에도 불구하고 왕들을 책망하고 여자를 원위치시키고 아브라함에게 여자는 물론 많은 선물도 얻게 하셨다.

약속을 믿지 못하고 조급하여 몸종을 통하여 아들을 낳기도 하였다. 왜 아브라함의 실수와 탈선을 허락하셨는가? 믿음의 조상이 되게 하시겠다고 약속하신 하나님은 그 약속을 신실하게 지키시는 분이기 때문이다.

성서에 나오는 수많은 인물은 모든 인간을 대표하는 배우와 같다. 성서를 관통하고 있는 일관된 주제는 한마디로 인간은 죄인이다. 하나님은 거룩하시며 사랑이시다. 예수 그리스도의 십자가에서 죽으심과 부활을 통하여 죄인인 인간을 사랑의 아버지 하나님께서 의인이요 빛의 자녀요 하나님의 백성이 되게 하셨다는 것이다.

선교지 코스타리카에서 어떻게 미국으로 방향을 바꾸게 되었는지를 간증하겠다.

미국인 선교사들이 예언을 하였다(American Missionaries Prophesied): From Costa Rica to America

어느 날 친분이 있는 코스타리카 현지인 목사님의 교회에서 부흥집회가 열렸다. 약 300여 명이 모였다. 강사진은 미국에서 온 젊은 목사님들 서너 명이었다. 중남미 사람들은 축구를 아주 좋아한다. 국내는 물론 국제 축구대회가 중계하면 모든 일손을 멈추고 시청한다. 아예 문을 닫아 버리기도 한다. 주인들은 호소해도 소용없다. 축구광들이라고 말할 수 있다. 낮에는 강사진과 현지인들이 축구 경기를 한다. 밤에만 예배를 드린다.

어느 날 밤 집회에 장녀와 같이 참석하였다.

설교 후에 통성 기도를 시작하였다. 갑자기 미국에서 온 목사님들이 나와 장녀를 앞으로 나오라고 명령하였다. 나는 본래 사람들 앞에 나오라고 하는 것을 아주 싫어하는 타입이다. 그러나 청중 앞에서 특별히 지목하여 나오라고 하는데 나가지 않을 수가 없었다.

나가서 둘이 서 있었다. 그들은 빙 둘러서서 우리를 한가운데 서게 하고 기도를 시작하였다. 얼마나 자신이 있으면 예언 기도를 녹음하면서 시작하였다. 후에 그 녹음테이프를 선물로 주어 지금도 보관하고 있다.

두 가지 예언 기도를 해 주었다. 하나는 장녀에게 다른 하나는 나에게 선포하였다.

장녀에게는 "앞으로 코스타리카에서 아주 큰 대륙 국가로 옮겨 간다(미국이라고는 말하지 않았다). 거기 가서 성공하여 네 부모를 책임질 것이다."

나에게는 "누군지는 모르지만, 우리 집안에서 두 남자가 보이는데 죽을 것이다. 그러나 믿음으로 살면 전화위복이 될 것이다."

와! 세상에 어떻게 처음 보는 외국인에게 무당도 아닌데 저렇게 자신 있게 예언을 할 수 있을까? 명리학을 공부한 사람들도 아닌 것처럼 보이는데 도대체 얼마나 영성의 깊이가 있으면 저렇게 카리스마를 가지게 되었을까?

너무나 충격적인 예언의 내용도 놀라운 일이지만 그들의 영성 생활의 열매가 더 놀랍고 부럽기도 하고 큰 도전이 되었다.

장녀는 당시에 대학을 졸업하고 대학원에 재학 중이었다. 코스타리카에서 피아니스트 제1인자요 모스크바대학 출신이며 러시아에서 코스타리카로 귀화한 코스타리카 국립대학에서 교수, 미국대학 교환교수로 재직 중인 알렉산데르의 제자로서 두각을 나타내고 있었다. 교수는 얼마나 러시아식, 스파르타식 교육하는지 장녀는 피나는 노력을 하지 않을 수가 없었다. 하루에도 몇 시간씩 허리 병이 날 정도로 연습하였다.

장녀는 다른 교수가 지휘자로 일하는 국립 합창단의 반주자로도 일하였다. 합창단은 국제대회에 참가하기 위해 유럽을 순방하였고 독일에 갔을 때는 장녀가 입학 동기인 박남수 목사를 찾아 만나기도 하였다. 국제대회에서 입상하기도 하였다. 장녀는 어려서부터 교회에서 반주를 하였다. 누구보다도 악보를 보고 즉석에서 반주를 할 수 있는 능력이 인정받았다. 어려서부터 주님을 섬기는 봉사 정신이 장성하여 큰 유익이 되었으니 하나님께서 훌륭한 피아니스트를 만들어 주신 것이다.

예언이 성취되었다. "아빠! 나 미국 갈 거야!" 예언 기도는 까맣게 잊어버린 나는 "안돼! 영어도 문제이고 돈도 없고 뭣도 없고 뭣도 안되고… 그냥 여기서 대학원 졸업하고 취직하고 결혼하고 또….""아냐, 난 토플도 할 수 있어! 난 돈도 벌 수 있어! 난 미국 갈 거야!"

정말 원래 이름인 엘리야처럼 대단한 믿음의 소유자였다. 결과로 증명해 보였다. 그때부터 토플 준비를 하였다. 한 달 만에 통과되었다. 스페인어로 대학을 졸업하고 대학원까지 수년간 공부해 왔는데 영어로 시험이 패스되었으니 이제 미국행이 시작된 것이다. 대학원으로 편입이 허락되었다.

비행기표만 사 주었다. 나머지 학비나 경비는 그동안 아르바이트로 저금한 것으로 해결하였다. 미국 유학을 가서 초중고 음악 교사가 되었다. 선교지에서 몇 년 배운 실력으로 스페인어 과목과 음악 과목의 교사가 되었다.

교회에서 반주자로 봉사하였다. 지금의 사위를 만났다. 둘이서 학생비자로 입국하였다. 이민법에 의하면 유학생끼리 만나는 것이 최악이라는 말이 있다. 졸업을 하고 취직하여 정착하지 못하면 본국으로 귀국해야 하기 때문이다. 다행히 장녀가 교사로 영주권을 취득하였다. 결혼하여 사위도 자동적으로 영주권자가 되었다. 사위는 결혼한 이후에도 박사학위를 위해 공부하였다. 전기 전자 공학 박사가 되는 공부이다. 주임교수가 얼마나 까다로운지 몇 번이고 포기하려 하였다. 우리는 열심히 기도로 후원하고 격려하여 드디어 7년 만에 학위를 취득하였다.

사위는 한국에서 대학을 졸업하고 군대를 다녀온 후 미국으로 유학을 온 것이다. 석사, 박사 코스를 장학생으로 유학했다. 지금은 연구원으로 미국의 회사에 다니며 행복한 가정을 이루며 살고 있다.

장녀의 가족은 워싱턴에서 제일 크고 유명한 중앙장로교회에 다니고 있다. 장녀는 오르가니스트로 봉사하고 있다. 장녀는 한 번 목표가 설정되면 그 목표를 향하여 은근과 끈기와 집념을 가지고 집중력을 발휘하여 목표를 달성하고야 마는 기질이 있다. 중도 포기는 생각할 수도 없는 타입이다. 그 점이 나를 닮은 것 같다. 원래 피아노를 전공하였다.

사위 김계정 박사 학위 수여식 후

　어느 날 우연히 미국인이 오르간을 처분한다는 광고를 내놓았다. 그 광고를 보고 연결하였다. 그는 은퇴하는 자로서 오르간을 무료로 가져가라는 것이었다. 아니 자기가 직접 운반하는 자를 구하여 장녀의 집까지 전달해 주었다. 시가로 2만 5천 불의 가치가 있다. 오르간 교수를 만나게 되었다. 무료로 1년간을 사사해 주었다. 아직 전공하지 않은 상태에서 중앙장로교회 오르간 반주자로 봉사를 시작하였다. 많은 전공자가 있지만 오디션에서 낙방하거나 스스로 봉사하지 않기도 하였다. 그러나 장녀는 봉사하는 것을 최우선으로 한다는 믿음이 있어 하나님께서 사용하신 것이다. 하나님께 충성을 다하려고 힘쓰면 훌륭한 오르가니스트가 되도록 만들어 주신다.

지금도 오르가니스트로서 피나는 노력을 다하고 있다. 전국적인 오르가니스트 협회에 가입하였다. 5년 과정을 마치면 오르가니스트 박사에 해당하는 자격증을 취득하게 된다. 5년 중 2년 차이다.

일반적으로 이민자는 이민간 국가에서 5년간 범죄사실이 없이 거주하면 영주권을 취득한다. 우리 가족은 코스타리카 영주권자이다. 미국도 마찬가지이다. 영주권 취득 후 다시 5년이 지나야 시민권 신청 자격이 주어진다. 시민권자가 되어 부모를 초청하면 최우선으로 부모는 영주권을 취득할 수 있다. 나의 경우가 그렇게 되었다. 그런 경우에 영주권 스폰서는 부모가 시민권을 취득할 때까지 생활비를 제공해야 한다. 부모가 시민권자가 되면 멈춘다. 나의 경우가 그렇다. 10년 이상 세금을 내어 1년에 4점씩 도합 40점 신용점수를 얻고 시민권자가 되어 65세가 되면 국민연금 혜택을 받는다. 나의 경우가 그렇다. 이 모든 과정에서 재정은 장녀가 책임을 지고 법률적인 절차는 변호사인 막내가 무료로 만들어 주었다.

장녀는 오랫동안 우리가 살 수 있도록 재정적 후원자가 되어 주었다. 선교지에서 사역하는 동안에도 후원금을 보내 주었고, 오갈 데 없을 때는 방 한 칸을 제공해 주었으며, 개척교회 당시에도 미국에서 미자립 교회에서 목회할 때도 시민권을 취득하기 전까지도 계속 도와주었다. 사위는 두뇌가 명석하고 성실하고 겸손하고 검소하며 믿음과 지혜와 성령이 충만한 집사이다. 지금은 아들의 개척교회를 도와주고 있다.

변호사가 된 막내딸 이야기

미리(美里)는 '세상을 아름답게'라는 뜻이다. 내가 이름을 지었다. 나의 소망이 담겨 있는 이름이다. 장녀는 엘리야 선지자를 생각하여 작명하였다. 엘리야라고 불러 주었다. 호적에는 애리(愛里)라고 올려 놓았다. 세상을 사랑하라는 뜻이다. 물론 세속적 사람이 되라는 말이 아니다. 주님의 사랑으로 세상 사람들을 사랑하라는 뜻이다. 아들은 마포삼열이라는 선교사가 있다. 한국식 이름인데 거기서 힌트를 얻었다. 사무엘 선지자처럼 주의 종이 되라는 간절한 소망을 가지고 내가 직접 작명하였다. 임삼열(林三悅)이다. '삼위일체 하나님을 기뻐하라' 라는 뜻이다. 물론 나의 해석이다. 미리는 미국 시민권자가 될 때 Sophia로 개명하였다.

미리는 이름처럼 미리미리 준비하는 스타일이다. 매사에 신중하고 빈틈없이 준비한다. 유치원부터 대학까지 항상 상위권의 성적을 유지하였다. 선교지에서 고등학교를 다닐 때 미국인 여자 선생이 미국 헌법책(육법전서)을 선물했다. 그 선생은 미리가 미국 유학 가서 아마 변호사가 될 것이라고 확신을 한 것 같다.

미리는 미국의 우수한 대학에 스카우트되었다. 명문대학에 4년간 전액 장학생으로 선발되었다. 선교지에서 미국 선교사가 세운 학교를 졸업하였다. 대학 입학을 앞두고 미국대학에서 세계의 우수한 학생들을 스카우트하러 전 세계를 다니는 책임자가 고등학교에 왔다. 얼마나 바쁘신 분인지 공항에서 택시를 대절하여 학교에 왔으며 인터뷰하

막내딸 임미리 로스쿨 졸업과 변호사 합격한 날

는 동안 택시 기사는 대기하고 있었다. 인터뷰를 마치자마자 그 택시
를 타고 다시 공항을 향하여 떠났다.

인터뷰하는 사무실에는 교장과 담임선생과 미리와 나, 네 명이 함
께 자리에 앉았다. 학교 측에서는 미리가 선발되도록 사전에 모든 서
류 증명서를 완벽하게 준비한 상태였다. 내신 성적은 물론 리더십이

나 봉사 활동 사항 등이다. 명문 대학 입학 조건은 SAT는 물론 내신성적이 우수해야 하지만 아주 중요하게 여기는 부분은 인격, 인성, 지도자적 자질, 남을 섬기는 봉사 활동이다. 음악이나 스포츠로 두각을 나타내어 상을 받은 것도 중요하다. 그리고 이 모든 것이 갖추어진 상태에서 인터뷰를 잘해야 한다. 인터뷰에서 낙방하는 경우도 있다. 인터뷰에서 낙방할 때는 실망이 배나 크다.

담당자는 대략 서류를 확인하였다. 교장과 선생의 대담을 신뢰하는 듯하였다. 미리에게도 몇 가지 질문을 하였다. 마지막 나에게도 기회를 주었다. "우리 가족은 1년 이상 미리의 대학 입학을 위하여 매일 기도를 해 왔다. 만일 당신이 미리를 스카우트해 가면, 미리가 당신의 학교의 명예를 더욱 빛나게 할 것이다. 부탁한다"라고 한마디를 하였다.

담당자는 만족한 미소를 지으며 일어섰다. "다시 연락을 보낼 것이니 기다려라. 학교에서 만나자."

그 후 시간이 되어 합격통지서가 날아왔다. 집안이 떠나가게 온 식구는 얼싸안고 감격의 눈물을 흘렸다. 그날 쏟아진 엔도르핀은 십년 이상 행복하게 살게 해 준 것 같다.

막내는 그 당시에 4년간 전액 장학금 약 12만 불 어치를 받고 유학길에 올랐다. 음악과 영문학을 복수 전공하였다. 기숙사도 무료, 식비도 무료, 교재비도 무료, 파리 여행도 무료, 마음껏 돈 걱정 없이 공부에 매진하였다.

문제는 방학 기간이다. 방학을 하면 기숙사를 무조건 비워주어야 한다. 오갈 데가 없다. 구세주가 나타났다. 학교 옆에 사관학교가 있다. 현역 중령 부인이 학생들을 상대로 성경공부반을 인도하고 있었다. 막내는 거기에 열심히 참석하였다. 부인이 막내를 딸처럼 도와주었다. 방학이 되면 자기 집에서 숙식을 해결하도록 도와주었다. 중령 부부가 여행을 가면 집을 지키며 맘껏 생활하도록 배려해 주었다. 한 가지 조건은 애견을 돌보아 주는 것이다. 시간에 맞추어 애견에게 식사를 주어야 하고 밖에 나가 운동을 시켜야 한다. 어느 겨울 방학 때 우리 내외가 그 집에 간 적이 있다. 3층 집 관사였다. 없는 것이 없는 집이었다. 피아노도 두 대나 되고 방마다 공간마다 물건들이 가득 차 있었다. 곳곳에 책들이 놓여 있다. 막내랑 같이 추운 겨울에 중무장하고 애견을 밖에 데리고 나가 운동시켰다.

학교에서 부모가 참석해야 하는 행사가 있을 때는 그들이 대리 부모가 되어 주었다. 돈이 필요할 때는 또 다른 현역 중령이 상당한 금액을 빌려주었다. 졸업 후에도 오랜 기간에 걸쳐 그 돈을 갚아 나갔다.

방학이 되면 아르바이트를 하였다. 음악 교수가 아주 오래된 악보를 새것으로 만드는 작업을 시켰다. 그는 유명한 오케스트라 지휘자이다. 내가 보아도 악보가 얼마나 큰 종이에 그려져 있고 누렇게 색이 바래서 보기에도 힘든 것이었다. 다른 친구들처럼 여행을 즐기는 시간도 돈도 없었다. 아르바이트를 하여 용돈도 마련하고 공부도 더 열심히 하였다.

드디어 4년간의 대학 과정을 마치고 졸업하게 되었다. 음악 과목에서 최우수상을 받았고, 각종 악기도 배웠다. 또 작곡하여 큰 상을 받기도 했다.

졸업 이후 같은 대학에 있는 법대 대학원에 입학하였다. 미국 안에 있는 200여 개 로스쿨에서 랭킹 12위에 들어가는 명문대학원이다. 먼 타주에 있는 로스쿨에 장학생으로 갈 수 있었다. 그러나 같은 대학과 연결되는 대학원에 입학하였다. 보통 학생들이 로스쿨 첫 학기에 중도 포기하는 경우가 많이 있다. 막내도 아주 힘들게 공부하였다. 밤잠을 자지 않고 코피가 쏟아질 정도로 노력하였다. 다른 부잣집 미국인 학생들은 슬슬 놀면서 공부해도 좋은 성적을 유지하였다. 비교하다 보니 더욱 스트레스를 받은 것 같다. 울면서 공부가 너무 힘들다고 전화가 오기도 하였다. 대답할 말이 없다. 같이 힘들어하면서 "기도할게!"라는 말 외에 무슨 방도가 없었다. 그럼에도 불구하고 인내심과 끈기를 가지고 3년간의 힘든 과정을 무사히 마치고 졸업하였다.

졸업 후 로펌에 취직하였다. 얼마 후에 1.5세 이민자 한국인 변호사와 결혼하였다. 사위는 명문대를 졸업하고 인권 변호사가 되었다. 주로 법정에서 미국인 판사, 검사와 형사 피고인을 대변하여 재판에서 이겨 약한 자를 도와주는 국선 변호사이다. 한국인 미국인으로서 (Korean American) 백인 판사, 검사와 형사 피고인을 위하여 대변해서 이긴다는 것은 용이한 일은 아니다. 법정에서 인권 변호사로 일하면서 동시에 막내딸과 로펌을 차렸다. 내가 사업을 하라고 권면하여 필그림 로펌(Pilgrims Law Group, PLLC)을 개업하게 하였다. 둘은 지역사회 봉사활동에 힘쓰고 있고, 선교에 대한 비전과 열정으로 신앙생활을 하고 있다.

임낙생 장로

두 번째 미국인 강사진들이 우리 집안 누군가의 죽음에 대해 예언한 것은 아우에 관한 것이다. 여섯 살 아래의 아우는 형제 중에 희생양이다. 다른 형제들은 일찍 아버지 곁을 떠나 객지 생활을 하기 시작하였다. 아우만 농촌에서 아버지를 돕고 온갖 고생을 다 하였다. 술, 담배를 심하게 하였다. 결혼하여 제수씨도 시부모를 모시고 같이 농사일을 하였다. 마음씨 착한 제수씨는 시부모를 잘 모시고 농사일에 힘을 다하였다.

아버지는 워낙 강인한 체력을 가지신 분이라 아들이 도와주어도 만족스럽지 못하신 것 같았다. 힘들고 어려운 농사일을 하면서 많은 갈등을 겪었을 것이다. 평소에 건강 관리를 제대로 하지 못하면서 살았다.

처음에 예언을 들었을 때 나이 많은 아버지로 이해하였다. 선교지에서 모든 지인에게 아버지를 위하여 특별히 기도해 달라고 부탁하였다. 며칠 동안 열심히 기도하는데 아버지가 아니라 아우가 죽는다는 것을 꿈속에서 보여 주었다. 부랴부랴 다시 중보 기도자들에게 아우를 위해 기도해 달라고 부탁하였다.

아닌 게 아니라 아우가 몹쓸 병에 걸려 중환자실에 입원하였다. 의사는 사형선고를 내렸다. 오장육부가 다 망가진 것이다. 임종과 장례식을 준비해야 한다는 청천벽력 같은 소리를 들었다.

아우는 절망에 빠져 어쩔 줄 몰라 극심한 불안에 휩싸였다. 그런

임낙생 장로 임직식

데 천사가 나타나 천국과 지옥을 구경시켜 주었다. 새로운 세상을 바라보고 기도를 올렸다. "히스기야의 하나님, 십 년만 더 살게 하소서!" 기도를 잘해야 한다. 히스기야처럼 15년이 아니라 10년을 더 살았다.

인생이 불쌍해서일까? 하나님께서 살아 있는 신이라는 것을 증거자로 세우시려고 한 것일까? 천국과 지옥을 다녀온 그 시간부터 완전히 새로운 사람으로 변화되었다.

사실은 그동안 꾸준히 교회를 다녔다. 성가대원도 하고 집사가 되어 봉사도 하였다. 각종 악기를 잘 다룬다. 몸이 병들다 보니 영적인 삶도 적극적으로 하지 못한 것이다.

새벽 기도에 힘을 쓰고 빠짐없이 참석하기 시작하였다. 금주, 금연을 시작하였다. 담임목사님과 전 교인들이 아우를 위해 힘써 기도를 올렸다. 드디어 장로로 취임하였다.

장로가 되어 목사님의 목회에 적극 협력자가 되었다. 익산장로연합성가대는 유명한 합창단이다. 단원이 되어 전국을 순회하며 찬양하였다. 청와대에도 가서 찬양하였다. 정부에서 장애인이라고 로또 복권 가게를 운영하도록 도와주었다. 생활을 보장받고 가게를 운영하면서 교회에 충성을 다하였다. 어머니는 아우가 장로로 취임하는 날, 내가 목사 취임한 것보다 더 기뻐하셨다. 믿음으로 새로운 인생을 살았다. 딱 십 년을 생명 유지 시키신 하나님은 그 약속의 기도대로 때가 되어 천국으로 데려가셨다.[*]

'내가 먼저 가야는 디 니가 먼저 가는구나.'

가네 가네 너도 가고 나도 가네 모두 가네
내가 먼저 가야는 디 니가 먼저 가는구나
너무너무 착하고도 욕심 없고 진실한 너
다른 형제 타향살이 다 떠나고 너만 남아
힘센 삼손 아버지와 농사일을 도맡아서
얼마나 힘들었나 불쌍한 아우님아

---

[*] 장례식은 교회장으로 하여 장로 합창단이 색소폰으로 〈하늘가는 밝은 길이〉를 찬송하고, 조시를 지어 올리고, 전 성도가 애석해하며 영광스런 죽음을 감사드렸다.

지치고 힘들어서 몸 맘 둘 다 병들었네

중환자실 입원하여 죽기만을 기다릴 때

천군 천사 보내시어 천국 지옥 보여 주어

회개하고 구원 얻어 히스기야 기도하니

십 년 이상 생명 연장 기적 체험하였으니

새사람이 되었으니 하나님의 사랑이라

새벽 기도 주일성수 장로 되어 충성하니

익산장로합창대원 전국 순회 찬양하고

청와대도 초청받아 천사처럼 찬양하고

카네기홀 초청은 투석 중이라 불참하고

천국 가는 그날까지 병든 몸과 투병해도

세상 사람 사라지고 천국 소유하였도다

앞서가신 부모님과 천국 생활 누리어라

가는 순서 다르지만 나도 금방 올라가서

눈물 없고 사망 없는 그곳에서 영생하리

아버지와 마지막 인사

2004년에 아버지는 천국에 가셨다. 2년 후인 2006년도에 어머니
도 하늘나라에 올라가셨다. 나는 개인적인 용무로 타국에 여행을 간
적이 없다. 오직 선교본부에서 가진 선교대회에 참석하기 위하여 여
행을 다녔다. 그해에도 본부에서 주최하는 홈커밍 선교사 수련회에

참석하기 위하여 고국을 방문하였다. 그 당시에 아버지는 입원하셨다. 수련회를 마치고 다시 선교지로 돌아가야만 되었다. 우리 내외는 입원 중이신 아버지를 시간이 되는대로 간호를 해드렸다. 난 후원 교회들을 찾아 선교 보고를 하느라 아버지를 자주 뵙지 못하였다. 거의 아내가 병원을 찾아가서 간호해 드렸다. 마지막 인사를 하는 날이었다. "아버지 절 받으세요!" 침대에 누워 계신 아버지께서 천천히 일어나셨다. 환자복을 잘 가다듬고 반듯한 자세로 절을 받을 준비를 하셨다. 아버지는 이것이 마지막이라는 것을 감지하신 것 같았다. 인지상정인가? 아내와 나는 바닥에서 큰 절을 올려 드렸다. 옆에서 지켜보던 간호사도 숙연해졌다. '이 순간이 마지막이다'라고 생각하니 눈물이 왈칵 쏟아졌다. '아버지! 이 불효자식을 용서해 주세요. 세상적으로 아버지의 자식을 향한 소원을 시원하게 이루어 드리지 못하였습니다. 그러나 지금은 믿음이 충만한 명예집사님이 되셨으니 이 자식을 이해하실 수 있으시죠?' "세상 부귀 안일함과 모든 명예 버리고 험한 길을 가는 동안 나와 동행하소서." '불효자식은 고의로 세상을 멀리하며 좁고 험한 길을 걸어왔다는 것을 이젠 이해하시지요? 평소에 자주 말씀드렸던 것처럼 우리는 장례식에 오지 않을 것입니다.' 보통 사람들이 생각할 때는 우리는 융통성이 없는 고지식한 스타일이라고 볼 것이다. 그 당시에 우리 내외는 당연한 것으로 생각하였다. 하나님 앞에 충성스러운 선교사가 되고 싶었다. 만 82세셨다.

어머니도 2년 후, 만 82세에 천국을 가셨다. 두 분 다 기저질환 없이 건강하게 살다가 자연사하셨다. 지금까지도 장례식에 가지 않은 것에 대하여 후회는 하지 않고 있다. 물론 인간적으로 아쉬움은 남아 있다. 어머니의 장례식에도 참석하지 않았다. 어머님께도 이미 누차 "우리는 장례식에 오지 않을 것입니다"라고 하면 "그래야지, 오지 마. 괜찮아. 선교에 총력을 기울여야지. 우리는 언젠가 천국에서 만날 것이니까!"라고 말씀하셨다. 물론 이미 선약도 하였지만, 그때 상황은 도저히 갈 수가 없었다. 선교지에서 미국으로 입국하자마자 어머니는 돌아가셨던 상황이었다.

그러나 세월이 흐를수록 이 땅에서는 더 이상 아버지, 어머니의 목소리를 들을 수 없다는 사실에 안타깝기만 하다. 다행인 것은 부모가 살아 계시는 동안 자손들이 건강하고 행복한 가정을 이루며 사는 모습을 지켜보시며 행복한 삶을 사셨다는 것이다. 예를 들면 자식이 먼저 죽으면 부모 가슴에 못을 박는다는 말이 있다. 그러나 8남매의 자식들과 수십 명의 손자가 아무 사고 없이 행복하게 사는 모습을 지켜보시며 사셨다. 부모가 먼저 천국에 가신 후에 아우 임낙생 장로가 천국에 갔다.

아버지와 어머니의 임종 시에도 목사가 된 딸들이 지켜보았다. 예배를 드리고 찬송을 부르시다가 환하게 웃는 얼굴로 미소를 지으며 임종하셨다. 방안에 찬란한 빛이 충만하였다. 지켜보던 모든 사람이 천국으로 입성하는 모습을 보며 놀랍고도 놀라운 광경에 함께 찬양하였다. 하나님의 사랑이 충만하였다.

From Valdosta to Senior Apt: Come Out of Valdosta to the
Great, Big House!

선교지 코스타리카에서 미국으로 이동시키신 하나님의 인도하심을 이미 간증하였다. 미국 목사들의 예언대로 장녀를 통하여 미국으로 이민을 온 것이다. 이제 조지아주 발도스타에서 워싱턴으로 이동시키신 하나님의 간섭하심을 나누고자 한다.

우리 내외는 평생 새로운 교회에 부임하면 40일 작정 기도를 하였다. 금식하고 철야 기도를 하고 새벽 기도를 하였다. 사순절이 되면 보통 일주일 이상 금식 기도를 하였다. 또 40일 특별 새벽 기도도 하였다.

발도스타교회에서도 작정 기도를 하였다. 어느 날 밤에 아내와 교회당에서 열심히 기도를 하였다. 방언하고 찬양하고 다시 방언 기도를 하였다. 갑자기 내 입에서 영어로 예언 기도가 쏟아졌다. "Come out of Valdosta to the great, big house!"(발도스타에서 나오라! 큰 집으로!)

그리고 잊어 버렸다. 일기장에만 기록하였다. 그런데 4년간 목회를 하고 있었다. 2년을 더 목회하면 은퇴할 나이가 되었다. 은퇴하면 갈 곳이 없다. 수소문하여 한국으로 귀국하려고 마음먹었다. 알아보니 교단에서 세운 은퇴 목사와 선교사를 위한 집이 있다. 나같이 평생 주의 일을 힘썼지만, 은퇴 후에 살아야 할 집이 없다는 것은 슬픈 일이다. 교단에서는 선구자적인 안목으로 은퇴한 목사들을 위하여 천국

갈 때까지 안식을 누릴 수 있는 집을 마련한 것이다. 동기인 임흥기 목사가 알선하고 만반의 준비를 해 주었다.

그런데 발도스타에서 11시간이나 운전하여야 갈 수 있는 먼 곳, 미국의 수도 워싱턴 인근 메릴랜드주에 시니어 아파트가 있다. 기적처럼 아파트에 당첨되었다. 하늘의 별 따기라고 한다. 매니저가 연락이 오기를, 지금 당장 입주하지 않으면 이런 기회가 다시 오기는 어렵다. 독실한 신자인 그녀는 목회를 포기하느냐 아니면 은퇴할 때까지 2년 더 시무하고 나중에 입주하느냐를 결정하라고 연락이 왔다. 고민 끝에 며칠 기도를 하다가 아파트로 이사하기로 결정을 내렸다.

당장 교회와 노회에 알리고 후임자를 구하도록 조치를 취하였다. 은혜 가운데 후임자를 쉽게 구하였다. 입주 날짜에 맞추어 서둘러 이사를 하였다.

이사를 와서 보니 정말 엄청나게 큰 아파트이다. 96세대가 두 개 동으로 나누어 살고 있는 조그만 마을이다. 입주하고 보니 장녀의 집도 30여 분 걸리고 아들의 집도 반대 방향으로 30여 분 정도의 거리에 있다. 한인이 대부분이다. 된장국도 맘대로 먹고 김치 냄새가 나도 괜찮은 곳이다. 한국인이 매니저이다. 고속도로가 바로 옆에 있다. 교통도 좋고 병원도 가까이 있다. 정다운 이웃과 인생을 노래한다. 편의 시설도 좋다. 물론 방 한 칸이다. 그러나 다시는 내 남은 인생에 이사하지 않아도 될 것이다.

여호와 이레!

From Here to Heaven?(여기에서 천국으로?)

나는 믿는다. 나의 일거수일투족(一擧手一投足)을 감찰하시고 일평생의 움직임을 인도하신 살아 계신 하나님께서 나중에 천국 갈 때가 되면 이제 올라오너라. 여기가 네 집이다. 사랑의 하나님께서 천사들을 보내어 나를 영원한 천국으로 인도할 것이다. 나는 앞서가신 부모와 믿음의 선진들을 만나 영원히 찬양하며 살리라. 아멘.

맺음말

모든 것이 은혜, 은혜, 은혜,

한없는 은혜,

내 생애 당연한 것 하나도 없었던 것을,

모든 것이 은혜, 은혜였소.

나는 이 찬송을 좋아한다. 매일 부른다. 색소폰으로 연주도 한다. '기교를 부리는 수준 높은 연주'를 위해 연습한다. 몇 달째 악보를 보면서 연습한다. 완벽히 암기하려고 노력하고 있다. 옛날같이 암기가 되지 않는다. 그러나 몇 달만 더 연습하면 완전하게 암기할 것이다. 청중 앞에서 악보 없이 연주할 목적을 가지고 꾸준히 연습하고 있다. 색소폰 소리가 유명한 복음성가 가수가 노래하는 소리로 들릴 때까지 연습하고 있다. 소리가 내 맘을 움직이고 눈물이 흐르기까지 연습할 것이다.

특히 은혜를 세 번 반복한 후에 한없는 은혜라고 부를 때 감격의 눈물이 흐른다. 또다시 "으⌣으⌣은혜 으⌣⌣⌣⌣은혜 으⌣⌣⌣⌣⌣⌣ 은혜." 이 부분을 연주할 때는 저절로 두 눈이 감긴다. 그 순간에 수없이 많은 일들이 스쳐 지나간다. 감사의 눈물이 흐른다. 치유와 회복이 일어나는 시간이 되어 마음의 평화가 충만해진다.

"이것이 나의 간증이요 이것이 나의 찬송일세."

내가 은퇴하였다는 소식을 듣고 뉴욕에서 대선배 김영호 교수가 축전을 보내 주었다. 그는 세계 교회사를 전공한 훌륭한 학자이다.

> 임 목사님, 그레고리 대제가 말했다. "뚜렷한 업적을 세우지 않았다고 할 지라도 평생 성직자의 길을 무사히 마쳤으니 이제 당신은 성인의 반열에 올랐다."

정곡을 찌르는 위로와 격려의 말씀이었다.

머리말에서 이미 밝힌 것처럼 흑수저가 금수저가 되었다. 전북 익산 촌놈, 가난한 농부의 아들이 '세계를 굴러다니는 돌멩이 되어'(대선배 강요섭 박사의 자서전 제목) 선교사로 성직자의 길을 무사히 대과 없이 마치고 미국에서 자녀들과 함께 노후를 안전하고 고요하게 보내고 있으니 어찌 금수저가 아니리요.

이 글을 쓰다 보니 발견한 것은 내 생애의 일종의 패턴을 알게 되었다. 가난, 때 늦은 공부, 너무 잦은 유목민 같은 방랑 생활, 민중들과 어울리고 함께 한 삶, 잊을만하면 당한 도둑, 실패의 반복, 신비한 성령 체험, 세상과 타협하지 않고 오직 주님만 바라보며 기도와 말씀에 몰두, 어떤 마귀의 공격으로 넘어졌다가도 다시 일어서는 오뚜기 같은 믿음, 이 세상은 영원한 것이 아니기에 모든 욕심을 버리고 영원한 천국을 소망하여 살아 온 것 등등이다.

"무슨 일을 만나든지 만사형통하리라"라는 찬송처럼 무슨 일을 당할 당시에는 바보같이 처신하였으나 세월이 흐른 후에는 진실이 드러나게 되어 결국 하나님께 영광이 되게 하셨다. 어려움이 봉착하거나 억울한 일을 당해도 오직 눈물로 하나님께 사정을 아뢰면 시간이 지나면서 무슨 문제든지 해결되는 비결을 생활화하였다. 앞뒤로 5대째의 중간에 있는 나로서는 외조모의 신앙을 본받아 살며 손자들에게까지 신앙이 계승되고 있음에 감사한다. 한번 왔다가 가는 인생으로 이것보다 더 행복과 축복이 있을까?

주 예수를 믿으라. 그리하면 너와 네 집이 구원을 얻으리라(사도행전 16:31).

〈나의 인생 종착역에서〉

해오름 정봉금(Pamela)

봄에 피어난 화려한 청춘의 순간들
세월이 어느덧 앗아가고 황혼의 들녘에 서 있네

길어야 한 백 년
나그네 인생길
잠시 잠깐 머물다가 가는 육신의 장막

어느새 곱게 물든 단풍
농익은 사과, 찬란한 노을처럼
아름답고 사랑스러운 황혼의 삶

목사의 아내 사십여 년
무거운 십자가 대과 없이 내려놓으니 감사로다

비록 무화과 나무가 무성치 못하며 포도나무에 열매가 없으며
감람나무에 소출이 없으며 밭에 먹을 것이 없으며 우리에 양이 없으며 외
양간에 소가 없을지라도(합3:17)

무소유자 우리 부부
신실하신 하나님만 섬겼더니
여호와 이레 하나님께서 한국인 시니어 아파트
예비해 주셨도다

문 열면 동포들의 다정한 얼굴 마주하며 정담 나누고
된장찌개 마음 놓고 요리하며 사는 여생

넓디 넓고 공기 맑은 미국 땅에서 자손 곁에 살아감이 축복이로다

그런즉 너희는 먹든지 마시든지 무엇을 하든지 다 하나님 영광을 위해서

하라(고전 10:31)

주의 영광 위해 남은 여생 살아가는

노을 진 들녘에 선 한 쌍의 사슴 같은 우리 노부부

빛깔 고운 삶

추억의 여생 남기고 싶어라

(at an APT of University Gardens in Silver Spring, Maryland)

가족 사진. 임낙길·정봉금의 뒷줄은 아들 가족(왼쪽부터 임한울John Lim, 임한솔Paul Lim, 임삼열 Samuel Lim, 박소진Sojin Park, 임한빛Esther Lim). 임낙길의 왼편 다섯 식구는 막내딸 가족(왼쪽부터 정승호Sean Jung, 임미리Sophia Jung, 정주원Noah Jung, 정성원Isaac Jung, 정소원Victoria Jung). 정봉금의 오른편 네 식구는 큰딸 가족(왼쪽부터 김하나Rebecca Kim, 김요셉Joseph Kim, 임애리Ellie Kim, 김계정John Kim)

부록

세계 선교 여행기

1

Hoy soy feliz, porque Jesús ya me salvó

오늘 난 기뻐요 예수가 이미 날 구원해 주셔서

Me dio la paz, me dio su amor

나에게 평화를 주시며 당신의 사랑을 주셔서

Hoy soy feliz, porque Jesús me libertó

오늘 난 기뻐요 예수가 나에게 자유를 주셔서

Del lazo de condenación

죄의 사슬로부터

Hoy soy feliz, hoy soy feliz

오늘 난 기뻐요 오늘 난 기뻐요

Hoy soy feliz, con Jesús

오늘 난 예수와 함께 기뻐요

Real eres Tú, real eres Tú

당신은 진실해요 당신은 진실해요

Real eres Tú, mi Jesús

나의 예수 당신은 진실해요

Por eso te canto

그래서 당신을 찬양해요

Por eso te amo

그래서 당신을 사랑해요

Por eso te canto

그래서 당신을 찬양해요

Por eso te amo

그래서 당신을 사랑해요

2

Hoy soy feliz, porque Jesús conmigo va

오늘 난 기뻐요 예수님이 나와 함께해주니

A donde voy, conmigo va

내가 어디를 가든지 나와 함께 가니까

En mi trabajo, en la iglesia y en mi hogar

내 직장에도 교회에도 내 집안에도

Conmigo está, conmigo está

나와 함께 나와 함께 계시니

Hoy soy feliz, hoy soy feliz

오늘 난 기뻐요 오늘 난 기뻐요

Hoy soy feliz, con Jesús

오늘 난 예수와 함께 기뻐요

Real eres Tú, real eres Tú

당신은 진실이요 당신은 진리요

Real eres Tú, mi Jesús

나의 예수 당신은 진리요

Por eso te canto

그래서 당신을 찬양해요

Por eso te amo

그래서 당신을 사랑해요

Por eso te canto

그래서 당신을 찬양해요

Por eso te amo

그래서 당신을 사랑해요

3

Hoy soy feliz, porque Jesús ya me salvó

Me dió la paz, me dió su amor

Hoy soy feliz, porque Jesús me libertó

Del lazo de condenación

Hoy soy feliz, hoy soy feliz

Hoy soy feliz, con Jesús

Real eres Tú, real eres Tú

Real eres Tú, mi Jesús

Por eso te canto

Por eso te amo

Por eso te canto

Por eso te amo (1절을 반복)

Por eso te canto

Por eso te amo

Por eso te canto

Por eso te amo

Por eso te canto

Por eso te amo

Por eso te canto

Por eso te amo

이 복음성가는 나의 애송곡이다. 조금 빠르게 부른다. 경쾌한 멜로디가 흐른다. 남미 특유의 춤과 멜로디와 박자가 어우러져 나온다. 나 스스로 창작한 춤을 개발하였다. 한바탕 춤과 노래를 부르고 나면 엔도르핀이 쏟아진다. 은혜와 믿음과 성령 충만해진다. 박수가 요란하다. 본부의 홈커밍 수련회에서 불렀다. 후원교회에서 선교 보고하면서 불렀다. 중남미 선교대회에서도 불렀다. 멕시코, 쿠바, 파나마, 브라질 등등 선교대회에서 불렀다. 미국 교회에서도 불렀다. 홈리스 사역하는 선교사들을 도와주기 위하여 방문하여 불렀다. 인기 가수들이 어떻게 재능을 개발하고 발전시키고 호소력이 있고 대중을 매혹시키는지 짐작이 간다. 그때 그 시절이 내 생애 절정의 순간들이었다. 하나님은 우리가 가지고 있는 달란트를 사용하신다.

필리핀

바울선교회는 국내 훈련 6개월과 해외 훈련 8개월의 과정으로 선교사 훈련을 시킨다. 필리핀 마닐라에 선교사 훈련센터가 있다. 모든 선교사는 14개월의 철저한 훈련을 통하여 훌륭한 선교사가 된다. 필리핀은 오랫동안 식민지였다. 영어를 사용한다. 토착화된 스페인어를 따갈로그라고 한다. 도시의 지성인들은 영어를, 시골 원주민들은 따갈로그를 사용한다.

우리가 훈련받는 동안 동료가 교통사고로 사망하였다. 사망한 사모님의 남편은 오랫동안 원주민 교회를 세우고 목회하였다. 영어는 물론 따갈로그어를 유창하게 구사한다. 남편이 세운 교회당에서 사모님의 장례식을 거행하였다. 난 운구 위원이 되어 제일 앞장서서 사모님을 보내 드렸다. 함께 훈련생으로 열심히 훈련받다가 선교지에서 비참하게 사망하였다. 숙연해졌다.

내일 일은 난 몰라요. 하루하루 살아요.

불행이나 요행함도 내 뜻대로 못 해요.

험한 이길 가고 가도 끝은 없고 곤해요.

주님 예수 팔 내미사 내 손 잡아 주소서!

원주민 교인들도 울고 동료 선교사 훈련생도 울고, 하늘도 울고 땅도 울었다.

주일 예배는 도시로 나가 영어로 예배를 드리는 교회를 참석한다. 담임목사는 미국에서 박사학위를 취득한 지성인이다. 영어를 배우는 목적과 필리핀 문화를 습득하는 목적으로 매주 참석하였다. 성가대는 수준 높은 찬양을 부른다. 목사는 영어 발음이 분명하다. 큰 도움이 되었다. 가끔 예배 후에 훈련원 원장의 안내에 따라 메가 몰(Mega Mall)에 쇼핑하러 갔다. 동양에서 제일 큰 메가 몰이다. 출입문이 너무 많아 단체로 다닐 때 동료들을 놓치고 모두 고생하기도 한다.

방학이 되면 원장의 안내를 받아 전국의 관광명소를 여행을 갔다. 카누 같은 배를 타고 길고 긴 강줄기를 따라 물결을 거슬러 올라가는 물고기처럼 목적지로 간 적이 있다. 우리를 안내하는 원주민들의 배를 운전하는 기술은 놀라운 묘기로 보였다. 대부분 깡마른 체구로 아슬아슬하게 물길을 거슬러 올라가 바위에 부딪히지 않도록 재빠른 순발력으로 운전해 갔다. 그들에게 고마우면서도 측은한 마음이 들기도 하였다. 강렬한 햇볕에 구릿빛 나는 얼굴과 중노동에 단련된 새까만 몸매와 능숙한 곡예단 같은 묘기로 우리를 왕처럼 섬기는 형제들이었다.

고난주간이 되면 해마다 전 세계 관광객들이 찾아가는 곳이 있다. 가톨릭의 전통에 따라 십자가에 못 박히는 장면을 실제로 재연하는 것이다. 그 뜨거운 햇볕 아래 상당한 거리를 행진한다. 십자가에 매달려 못 박힐 자들은 현장에 도보로 행진한다. 상의를 벗고 스스로 채찍을 가하면서 걸어간다. 등에서 피가 줄줄 흐른다. 맨정신으로는 할 수 없어 알코올을 취하도록 마시고 걷는다고 들었다. 어느 지점에서 현장까지 자기가 매달릴 십자가를 어깨에 메고 한 발자국, 한 발자국 걸어간다. 드디어 십자가 처형 현장에 도착한다. 로마 병정들이 성서의 기록대로 손과 발에 대못을 박는다. 일으켜 세운다. 높은 십자가 위에 매달린 죄인들은 통곡하며 소리친다. 그들은 그렇게 행함으로 구원을 얻는다고 믿는다. 보는 이들도 동시에 "아바, 아버지여!" 소리치며 통곡한다. 세계의 언론사 기자들이 부지런히 앞다투어 현장을 중계한다. 가톨릭교회는 어디를 가든지 토착화에 성공한다고 한다. 예를 들면 한국에서는 제사나 주초문제를 인정한다. 고난주간의 퍼레이드는 눈으로 볼 수 있는 살아 있는 시청각 교육이 된다. 개신교는 우상이라고 치부하지만, 그들은 성상을 만들어 종교심을 북돋는 작업을 하고 있다.

북한의 금강산 여행

김성재 문화관광부 장관이 있다. 한신대 선배이다. 한신대 교수를 역임하였다. 장관 재직 시에 종교인들을 초대하여 북한을 다녀온 적이 있다. 개신교 선교사들, 불교의 스님들, 가톨릭의 신부님과 수녀님들을 초대하였다. 난 10년 이상 시니어 선교사로 초대받았다. 아내도 동행하였다. 크루즈를 타고 동해안에 있는 항구를 출발하여 상당 시간을 남한에서 북한을 향하여 올라갔다. 난생처음 크루즈를 타 보았다. 금강산에 도착하였다. 버스에서 내리자마자 마이크를 통하여 특이한 북한 여성의 목소리로 우리를 환영한다는 인사말이 들려 왔다. 북한 동포들이 부르는 노래도 들었다. 안내원을 따라 제한된 지역에서 산행이 시작됐다.

몇 시간을 걸어서 정상을 향하여 오르기 시작하였다. 중간중간에 북한 군인들이 보초를 서고 근무하고 있었다. 한결같이 부동자세로 있어 접근하여 말을 걸 수 없는 모습이었다. "금강산 찾아가자 일만이천 봉"이라는 노래가 떠 올랐다. 수많은 봉우리가 병풍처럼 한 폭의 그림처럼 아름답게 펼쳐있었다. 공기도 맑고 하늘도 화창하였다. 북한의 자랑이라는 금강산은 아름다운데 북한 동포들은 왜 가난하고 기계같이 자유가 없는 삶을 살고 있을까? 어서 속히 공산주의가 무너지고 남북통일 되어 하나님을 믿는 자유 민주주의 국가가 이루어지길 기도한다.

터키

터키에는 바울선교회가 세운 훈련원이 있다. 바울선교회는 오대

양 육대주를 향한 선교 전략상 대륙별로 선교사 훈련원을 세워 보다 효과적인 선교를 해 나가고 있다. 10년 이상 된 시니어 선교사들을 중심으로 한 수련회를 터키에서 가졌다. 독일을 경유하였다. 공항에서 대기 시간에 구경하였다. 신기한 것은 화장실의 휴지였다. 일회용으로 쓰고 버리는 것이 아니다. 재활용을 할 수 있게 되어 있다. 비행기를 갈아탔다. 탑승객들은 터키를 향하는 여러 국가의 유럽인들이 대부분이었다.

이즈미르(IZMIR)공항에 도착하였다. 세계에 흩어져 목숨 걸고 생명 바쳐 선교에 심혈을 쏟는 동료 선교사들이 함께 모여 예배드리며 힘써 기도하며 탈진 상태의 믿음을 다시 회복시킨다. 초심으로 돌아가 소명감을 일깨운다. 성령 충만하여 다시 선교지로 투입되어 복음의 전사로 용감하게 마귀와의 전쟁에서 승전가를 부를 수 있는 새 힘을 얻게 하는 모임이다. 도착할 때는 기진맥진 상태이나 떠날 때는 새 힘을 얻고 기쁨과 자유와 평안을 얻고 선교지로 다시 돌아간다. 일주일간의 수련회의 모든 일정을 마치고 관광여행을 떠났다.

터키에서 수십 년간 선교에 매진해 오고 있는 선교사의 안내를 따라 관광명소를 찾아갔다. 주로 바울 사도의 선교 발자취를 찾아다녔다. 수련원이 있는 에베소에서 출발하였다. 에베소에서 밧모섬은 배를 타고 무려 4시간 이상 바다를 건너가야 했다. 심한 파도가 일어나서 일행 중에는 뱃멀미를 심하게 한 자도 있다. 1세기의 사도 요한이 죄수의 몸이 되어 유배지 밧모섬에 귀양살이 갔던 길을 따라갔다.

밧모섬에 도착하니 바다 가운데 외로이 떠 있는 조그만 섬이다. 지금은 관광명소가 되어 관광객들이 계속 찾아간다. 그러나 사도 요한 당시는 어떨까?

한번 들어가면 살아 돌아올 수 없는 섬이었다. 지금은 소도시이다. 그러나 그 당시에는 석공들이 죄수의 몸으로 중노동을 하였다. 사도 요한도 죄수의 몸으로 낮에는 뜨거운 햇볕 아래 석공이 되어 중노동에 시달렸다. 그러나 밤에는 동굴에 들어가 피곤한 몸을 이끌고 잠도 제대로 자지 못한 채 무릎 꿇고 기도를 올렸다. 그렇게 좋지 않은 상황에서 받아 쓴 책이 요한계시록이다. 우리는 사도 요한이 기도한 동굴에 들어가 그가 붙잡았던 손자국과 무릎 꿇은 흔적을 만져 보았다. '나도 90세가 될 때까지 사도 요한을 본받아 기도하고 계시를 받고 글도 써야지!' 다짐하였다.

에베소에 돌아왔다. 사도 요한의 무덤을 찾아갔다. 사도 바울의 생활상을 꾸며 놓은 곳도 구경하였다. 초대 일곱 교회의 사적을 찾아보았다. 지금은 돌무덤만 보인다. 원형극장도 보았다. 초대교회의 흥망성쇠의 사적들을 안내원의 설명을 들으면서 둘러보고 많은 감명을 받았다.

거의 하루 종일 대형버스를 대절하여 타고 수도 이스탄불을 향하여 올라갔다. 안내원인 선임 선교사는 능숙한 언어로 정확한 정보를 바탕으로 우리 일행을 아주 유쾌하고도 지루하지 않도록 안내해 주었다. 중간에 갑바도기아를 방문하였다. 높은 곳에서 내려다보면 멀리 평범한 산처럼 보인다. 그런데 가까이 가서 보면 산속에 도시가 형성

되어 있다. 많은 집들이 벌집처럼 보인다. 소위 카타쿰 지하 도시이다. 초대교회 시절 로마 제국의 박해와 핍박을 피하여 믿음을 지키기 위해 고난받은 성도들이 지하 땅속에 숨어 살았다. 땅속에 들어가 집을 짓고 교회도 세우고 외부의 세계와 다름없는 도시를 형성하고 살았다. 그 속에 신학교도 있다. 세계 교회사를 보면 이와 같이 세상은 말할 수 없는 탄압과 핍박을 하여 기독교를 말살하려고 애를 썼지만, 그때마다 전능하신 하나님은 그러한 환난과 핍박 속에서도 성도는 신앙을 지킬 수 있는 힘을 주시고 지혜를 주시어 환난을 이길 수 있는 방법과 길도 열어 주신다.

드디어 이스탄불에 도착하였다. 제일 기억에 남는 것은 소피아성당이다. 동방정교회 대성당으로 세워졌으나 현재는 이슬람 모스크로 사용되고 있다. 한때는 로마가톨릭교회의 성당으로 개조되었다가 다시 정교회 성당으로 복귀한 적도 있다. 1935년에 박물관으로 개장하기도 하였다. 2020년 7월 10일에 에르도안 대통령의 지시로 다시 박물관에서 모스크로 바뀌었다. 현재는 하기아소피아그랜드모스크(Hagia Sophia Grand Mosque)로 사용되고 있다. 현재까지 남아 있는 비잔티움 건축의 대표작으로 세계에서 몇 손가락 안에 꼽히는 건축물로 여겨지고 있다.

예배당 안에서는 신발을 벗고 무릎을 꿇고 기도하도록 안내하였다. 성당 안에 유명한 성화들이 벽과 천정에 그려져 있었다. 그 규모가 어마어마한 크기로 한눈에 성경 이야기들을 알아볼 수 있다. 수많은 관광객이 줄을 지어 있었다.

지난날의 부흥했던 기독교 교회당이 모스크로 변하였다. 언제 다시 비기독교 세력을 물리치고 성령 충만한 초대교회로 revival and reformation(개혁)이 일어날 수 있을까?

영국

영국 여행기 — 2018. 10. 2. 화. (일기장에서)

세월은 무심하게 흘러 어언 칠순이 되었다. 지나온 세월보다 남은 세월이 훨씬 반비례하여 작아지는구나. 사람들이 왜 환갑이네 칠순이네 하면서 그 생일을 특별히 구분하여 기념하는지 이제 조금씩 이해를 하게 된다. 허무한 인생을 살면서 갈 길이 가까이 오면서 그 삶의 의미를 되새기며 가치를 추억으로 남기고 싶고 불확실한 미래를 기쁨으로 맞이하고 싶어서일까?

험한 나그네의 길, 고달픈 순례자의 길을 걸어 이제 겨우 노인 아파트에서 몸을 평안하게 쉬게 되었다. 무소유로 살아 온 결과로서 내 몸 하나 거둘 수 있는 공간도 만족할 뿐이다. 열다섯 평이면 아내와 둘이서 오손도손 살만한 공간이다. 잔주름이 무성하고 백발이 성성하니 자손들을 바라보면서 위안을 얻게 되고 힘이 빠지는 대로 자손들을 의지하는 마음이 들기 시작한다. 삼 남매는 칠순 기념으로 여행을 하라고 항공비를 도와주었다. 미국 국내 여행할 수 있는 금액을 받아 들고 감사를 하며 이곳저곳 관광명소를 두드리기 시작했다. 대형버스로 동행자들과 같이 가는 코스도 있다. 찾아보다가 국내는 언젠가 기회가 많이 있을 것이니 해외로 가는 것이 좋겠다고 생각이 들었다. 한번도 가보지 않은 캐나다로 버스 여행을 할 수 있고 장거리나 비용이 절감되어 가려고 생각했다. 그러다가 우연히 영국을 두드리니 생각보다 비행기 값이 비싸지 않아 결정하였다. 그 과정에서 영국에서 살고 있는 지인이 생각났다. 곧장 연락을 하고 며칠간 숙식을 해결할 수 있는가 타진해 보니 대환영이라고 대답을 하였다. 지인에게 신세를 지면 안 되니 2박 3일 정도를 계획하였다. 그러나 티켓을 알아보던 막내가 적어도 일주일은 잡아야 가는 날, 오늘 날 제하면 며칠을 구경할 수 있다고 하였다. 티켓을 구입하고 난 후에 영국에 연락을 하니 오히려 일주일 더 연장할 수 있으면 좋겠다고 대답이 왔다. 그래서 다시 막내가 알아보니 이것은 아주 싼 표이고 그렇게 변경할 수가 없다고 한다. 그것도 지인의 사업에 지장을 주지 않기 위하여 주중에 가고 오는 표이고(주말은 더 비싸다) 값을 비싸지 않은 표를 구입하기 위하여 한 달 전에 예약을 한 것이다. 순서를 먼저 현지 상황을 알아본 후에 2주 정도로 해도 되는 것이었다. 지혜가 필요하다. 무슨 일이든지 내 생각대로, 주관적이지 말고 객관적으로 상대방과 대화를 먼저 할 필요가 있다고 깨달았다.

공항에 우리를 라이드 할 사위가 사는 집으로 이틀 전에 아파트를 출발하여 갔다. 하루는 같이 주일 예배를 드리고 또 하루는 늘상 하던 대로 가사를 도와주고 여행을 떠날 채비를 하였다. 사위는 공항에 밤 10시 20분 출발이므로 3시간 전인 7시 20분에 맞추어 우리를 퇴근 후에 피곤하지만 기쁨으로 라이드를 해 주었다. 출발선에 우리를 내려놓고 곧장 집으로 가

고 우리는 보딩패스로 가서 수속을 밟고 출국심사를 하고 가방을 체킹하
였다. 나는 12년 만에 비행기를 타게 되어서 모든 수속이 얼떨떨한 데 아
내는 그동안 한국에 장모님 위독해서 한 번, 국내에서는 딸들 해복간 한
다고 여러 번 여행을 하여서인지 거침없이 앞장서서 다 척척 해내었다.
늙어 가는 내 모습이 처량하지만 좋은 친구처럼 일을 젊을 때의 시절과는
달리 주객이 전도되어 해 내니 내 맘이 고맙고 힘이 되었다. British
Airways 292는 미국에서 영국 직항이다. 갈 때는 7시간 15분 걸리고 올
때는 8시간 10분간 걸린다. 항로가 달라서 다른 것인가?

비행기에 올라 내 자리를 찾았다. 앞 좌석은 비지니스 특석이고 돈 많이
내고 타는 자리라 넓고 칸막이도 근사하게 되어 있다. 한눈에 특별석이라
고 알 수 있다. 우리는 그룹이 5까지 있는데 4로 되어 있다. 얼마나 좁은
복도를 통과하여 가고 가고 가다 보니 드디어 뒤에서 얼마 되지 않은 곳
이 우리 자리이다. 부치는 짐이 없고 안에 가지고 들어가는 조그만 가방
인데 내 것은 가장자리의 공간에 겨우 들어갔다. 아내의 가방은 약간 작
아서 중간에 있는 가방 넣는 곳에 들어갔다. 출발한 지 얼마 되지 않아 음
식이 나오기 시작했다. 식사 한번, 음료수 한 번, 간식 한 번, 도합 세 차례
음식을 먹게 되었다. 처음엔 당뇨가 있어서 마땅히 마실 것이 없어 주저
하다가 쥬스와 와인을 마셨다. 와인은 평소에 마시지 않는데 비행기를 타
면 혈액 순환에 마시는 것이 좋다고 하는 말을 들어서 그리고 옆에 사람
들은 대부분 마시기 때문에 그것도 두 병씩이나 나도 덩달아 마셨다. 우
리 내외는 마시는 방법도 잘 몰라 홀짝홀짝 단번에 냉수 마시듯 마셨다.
즉시 얼굴이 달아오르고 배가 부글부글 끓기 시작했다. 옆에 미국인들은

3분지 일정도 컵에 따라 놓고 티비를 보거나 책을 읽다가 생각나면 한 모금씩 마시고 있는 것을 보고 '아하, 저렇게 마시는 것이구나' 배웠다. 돌아올 때는 그렇게 하였더니 아무 탈이 없었다. 주 식사는 풍성하고 맛있고 만족한 것이었다. 배가 부르니 기분이 좋은 때에 티브이를 보는데 여러 언어로 되어 있으나 우리는 한국 영화인 흥부라는 것을 찾아내어 보았다. 보통 알고 있는 놀부 흥부전이 아니라 시대적 정치적 글로서 민중 해방 운동 같은 작품이었다. 평소에 한국 티브이 방송을 보지 않다가 모처럼 한국작품을 보니 단번에 정서적으로 와 닿는 것이었다. 그 후 영국 방송을 보고 화장실 몇 번 다녀오니 시간이 다 지나갔다. 밤을 뜬눈으로 다 새버린 셈이다. 그래도 피곤하지 않다. 옆에 앉아 있는 미국 여자분과 대화를 해보니 그녀는 휴가만 되면 영국 여행을 하는데 이번이 다섯 번째라고 한다. 대화를 해 보니 같은 교단인 미국 장로교에 속한 직분자이다. 더욱 아는 사람들 이야기로 한참 꽃을 피우기도 하였다.

영국 공항에 도착하였다. 영국인과 유럽연합 국가 사람들은 별도로 입국심사를 하는 곳으로 가고 우리는 외국인 라인으로 들어섰다. 외국인 라인에 서서 바라보니 환영합니다. bienvenido, 일본어, 필리핀어, 중국어 등 산만하게 벽보처럼 적혀 있었다. 긴 줄을 서서 기다리다 차례가 되어 심사원 앞에 섰다. 여행 목적은? 관광. 누구를 만나느냐? 친구. 며칠간 머물 것인가? 8일간. 우리는 미국에서 살고 있는 한국인이다. 대답하니 안색이 달라지면서 6개월 관광 비자를 도장을 꽝 찍어 주면서 "즐거운 여행이 되세요"라고 한다. '와! 미국 영주권자가 이렇게 힘이 있단 말인가?' 사실은 미국에 들어온 지 십여 년 만에 처음으로 출국을 하는 것이며 더구나 유럽 여행은 처음이고 영국을 간다고 하니 만일에 대비하여 미국에 은행 잔고, 고용인으로 수입이 얼마, 카드, 캐시 등을 사전에 변호사 막내딸로부터 정보를 받아 준비해 가지고 간 것이다. 가방을 조사하는가 걱정하였다. 사실 옷가지뿐이고 걸릴 것도 없지만 괜히 잘못되면 기분이 나쁜 일이라 어디서 우리를 검사하자고 부르는가 살피면서 출구로 걸어 나갔다. 아무도 가방을 보자는 사람이 없다. 나가다 보니 배웅 나온 분들이 우리를 멀리서 보자마자 달려와서 포옹하였다. 실로 얼마 만인가? 약 35년 전이다. 내가 세례를 베푼 청년이 이젠 중년 신사가 된 것이다.

　35년 전에 대전에서 개척교회 할 때 만났던 권사님의 초대를 받았다. 권사님은 영국으로 이민 가서 성공한 분이다. 대전에서 클래식 기타를 가르치는 선생으로 음악학원을 경영하던 분이다. 물론 피아노와 각종 악기를 가르쳤다. 그의 남편도 클래식 기타를 가르친다. 부부는 듀엣으로 훌륭한 클래식 기타를 연주하는 연주자들이다. 영국에 이민 가서 음악학원을 경영하여 성공한 사례다. 부부는 더욱 전공을 연구하여 수준 높은 연주자가 되었다. 특히 권사님은 유명한 화가가 되었다. 계속 공부하여 전시회도 개최한다. 제자들 가운데 부부에게 배워서 음악이나 미술을 통하여 옥스포드대학에 입학한 자들도 있다. 부부는 우리를 잊지 않고 기쁨으로 초대해 주었다. 비록 대전에서 개척교회를 할 때 어려움도 많이 있었으나 우리가 얼마나 간절하게 기도에 몰두하면서 목회하였는지를 늘 기억하며 살았다고 말했다. 세월은 흘러가도 진실은 잊히지 않는 것이다. 평소에 정직하게 살아야 한다.

미국인들은 영국을 선호한다. 과거 영국의 식민지 생활 때문인지 모르겠다. 영국에서 공부하고 학위를 취득하는 것을 선호한다. 옆에 앉아 있는 미국인 여성은 영국 여행을 즐기는 이유는 수많은 박물관이 있기 때문이라고 말했다. 영국인들은 과거 대영제국 시대를 자랑스러워한다. 부자는 망해도 삼대가 버틸 수 있다는 말이 떠오른다. 과거의 부귀영화를 누렸던 것의 흔적으로 살아가고 있다. 수많은 박물관을 구경하다 보면 짐작이 간다. 모든 분야에서 세계 최고의 유물들이 가득차 있다. 대영제국 때 각국을 점령하고 가장 좋은 것들을 빼앗아 각종 문화제로 보관하고 있다. 영국은 식민지 국가들이 독립해 나갈 때 그들을 아예 버리지 않고 영연방제의 국가 형태를 유지하며 계속 좋은 관계를 맺고 있다. 특히 그들의 문화를 공유하는 지혜를 가지고 있다.

대한민국 코너도 구경하였다. 몇 층

영국박물관에 있는 통일 기원 서예

빌딩 속에서 잘 보이지도 않는 한쪽 깊숙한 코너에 조그마한 공간에 있다. 이수선 (李修善: David Hill, 1840~1896년)이라는 초상화가 있다. 영국 출신 대빗 힐은 중국 선교사이다. 중국식 이름이 이수선이다. 그 당시는 한국을 중국이라고 생각을 한 것 같다. 중국 선교사를 한국 코너에 모셔 놓은 것을 보면 한국을 중국으로 본 것 같다. 지금으로부터 약 130년 전에 영국 선교사와 성자(missionary and saint) 이수선이 복음을 들고 중국을 포함한 한국 땅에 선교하였다는 것은 놀라운 일이다.

화봉 작가의 금강의 <봉황폭포의 절경>이라는 작품이 진열되어 있다. 흰 화폭에 검은색으로 그린 것이다. 왕정 시대의 궁중의 모습도 보인다. 양반들이 갓을 쓰고 도포 자락 같은 옷을 입은 사진도 보인다. 88올림픽 로고가 있는 자수도 보인다. 오래된 도자기도 여러 종류로 진열되어 있다. 불상이 보인다. 한쪽 구석에는 은진미륵상의 크기만 한 불상이 서 있다. 불교 국가임을 나타내 주고 있다. 발길을 멈추고 한참 동안 눈여겨 읽어 보고 지켜본 내 키만큼 큰 특별한 액자가 있다.

"살아서 옥문을 나가봤으면 아직도 일할 수 있는 힘이 남아 있을 때 통일을 위해 여생을 불살라봤으면 이것 이외에 세상에서 바라는 것은 아무것도 없다." "통일 념원 오십일 년을 보내면서 대전감옥에서 비전향 장기수 안영기"라는 위에서 아래로 띄어쓰기를 하지 않은 글이다. 그는 37년간 감옥에서 옥중생활을 하였다. 감옥에서 배운 서예라고 한다.

어찌 안영기의 애절한 소원이 그 한 분만의 바람일까? 언제까지

독재자가 세상 온갖 욕심에 눈이 어두워 백성들은 굶어 죽고 한이 맺혀 억울한 삶을 사는데 그것을 외면하고 무시하면서 음흉한 웃음을 지으며 허랑방탕하게 살게 하시나이까? 주여, 세계 강국에 둘러싸여 정치 야욕에 사로잡힌 자들의 눈치를 보며 언제까지 견디어야 합니까? 언제 우리가 욕심에 사로잡혀 있는 자들로 말미암아 남북으로 두 동강이 나고 이제 동서로 갈라지기를 원하였나이까? 주여, 우리에게 자비를 베푸소서! 긍휼을 베푸소서! 삼천리 금수강산 아름다운 대한민국에서 어둠의 공중권세 잡은 세력들을 물리쳐 저 태평양 바다로 사라지게 하소서! 남북한 동포들이 중립국을 선포하고 자주독립하여 유엔에서는 평화대학을 설립하게 하소서! 7천5백만 형제들이 어깨동무하며 얼싸안고 평화의 춤을 추는 날이 어서 속히 오게 하소서! 통일 한국, 선교 한국이 되어 세계 복음화의 기수가 되게 하소서!

세계의 명문 옥스퍼드대학도 둘러보았다. 버킹검궁전도 구경하였다. 인산인해를 이루었다. 군병들이 말을 타고 의전 활동하는 광경을 보았다. 궁전 발코니에 여왕이 나타나기를 기다리는 수많은 관광객이 모였다. 가히 신화적인 사건이다. 여왕은 전설적인 인물이다. 여왕이 궁전 안에 있는지 없는지는 깃발을 보면 알 수 있다. 바티칸에서 교황 선출 시 굴뚝으로 나오는 연기를 보면 사람들이 알 수 있다는 것과 비슷한 광경이다. 보통 사람들은 그러한 신화를 좋아한다. 알고 보면 똑같은 인간이다. 그럼에도 불구하고 보통 사람들은 좀 성공적인 사람을 신성시하는 경향이 있다. 더 나아가 신격화하기도 한다. 그러면 교주가 탄생한다. 독재자도 탄생한다.

국회 의사당을 방문하였다. 두 정당의 국회의원들이 토론할 때는 경계선을 그어 놓고 한다고 한다. 만일 토론하다가 감정이 폭발하여 그 선을 넘어 상대방에게 접근하면 엄격하게 처벌한다고 한다. 인지상정이다. 지혜로운 방법이다. 세계에 모범적인 민주주의를 보여 주는 현장이기도 하다.

요한 웨슬리를 만나러 갔다. 그의 예배당, 집, 동상을 구경하였다. 수많은 관광객이 방문하기 때문에 상주하여 안내하는 자들이 있다. 아니면 자원봉사자들이다. 그들의 자세하고 친절한 안내를 받았다. 예배당은 옛날 웨슬리가 설교하던 그 장소에 그 당시의 크기만한 교회당과 설교단을 보존하고 있다. 그는 전국을 주로 말을 타고 다니면서 복음을 전한 선교사였다. 더 나아가 전 세계에 복음을 전파한 모범적인 선교사였다. 우리는 동상 옆에 서서 사진 촬영을 하였다. 아주 인상 깊은 곳은 그의 기도실이다. 좁은 복도와 계단을 통과하여 3층 정도에 조그만 기도실이 있다. 오직 책상과 그 위에 성경책이 놓여 있다. 아무것도 없다. 일부러 오직 말씀만 묵상하기 위하여 다른 물건은 없게 하였다고 한다. 나도 모르는 사이에 무릎을 꿇고 그 책상에 두 손을 모아 올려 놓고 묵상 기도를 올렸다. '주여, 나에게도 웨슬리의 영성을 주소서!'

런던 시내에 구경을 갈 때 지하철을 타고 간다. 한국이나 미국에서는 볼 수 없는 낡은 지하철이다. 덜커덩 소리가 요란하다. 예산이 없어 소리가 나지 않도록 수리하지 못한다고 한다. 시내를 통과하는 지하철의 창문 밖을 바라보면 건물들이 어둡고 회색빛이다. 언제나 안개가 자욱한 날씨에다 햇볕을 충분히 받지 못해서일까? 매일같이 비가 내린다고 한다. 다행히 우리가 관광하는 날은 햇볕이 잠깐 비추었다. 그것도 행운이라고 한다. 기후 탓인지 국민성인지 사람들의 얼굴이 밝고 명랑한 것보다는 우울하고 어둡다. 그러나 친절하고 양보도 잘한다. 서둘지 않는다. 참고 기다린다. 아직도 과거의 영광을 잊지 않고 자존심을 가지고 살고 있는 듯하다. 난생처음 이층버스도 타 보았다. 안내하는 권사님은 가능한 운전석 바로 옆 좌석에 앉도록 배려해 주었다. 제일 앞에 앉아서 눈 앞에 펼쳐지는 풍경을 즐겁게 감상하도록 힘을 써 주셨다. 우리가 어린애처럼 기뻐하는 모습을 보면서 권사님 내외도 즐거워하셨다.

다음 날에는 수많은 박물관 중 화랑을 구경하였다. 하루 종일 구경해도 다 하지 못할 정도로 큰 박물관이다. 화가이신 권사님의 설명을 들으면서 많은 그림을 구경하였다. 구텐베르그의 인쇄술이 발달하기 전에는 성서 이야기들을 그림으로 표현하였다고 한다. 다양한 성화를 구경하다가 한 그림에 내 눈이 멈추었다. 예수님이 십자가에 매달려 있는 성화이다. 그런데 자세히 살펴보니 예수님 혼자만 십자가를 지고 있는 것이 아니다. 양쪽 끄트머리에는 날개 달린 천사가 두 손 모아 기도를 하고 있다. 더욱 놀라운 광경은 보좌에 앉아 계신 성부 하나님께서 그 십자가를 양손으로 양 끝 아주 가까이 벌려서 받쳐 주고 있는 모습이다. 주님이 매달린 십자가와 주님은 아주 작다. 주님의 팔도 가느다랗고 발과 허벅지와 무릎과 종아리도 아주 작은 어린아이 같다. 아버지는 앉아 있음에도 불구하고 화폭을 전부 차지할 만

영국 화랑에 있는 성화, 「성부가 성자의 십자가를 부축해
주는 사랑」

큰 얼굴과 가슴이 크고 앉아서 양 무릎 사이로 주님의 십자가가 들어
가 있다. 아버지는 땅에 끌리는 긴 옷을 입으셨다.

　무엇을 의미하는 그림인가? 십자가는 무겁고 고통스러운 것으로
알고 있다. 그러나 하나님 아버지께서 두 손으로 조그만 장난감을 다
루듯 아주 가벼운 자세로 붙들어 주신다. 우리 십자가의 고통이 느껴
지지 않을 정도로 대신 짊어지신다. 성부 하나님께서는 우리의 모든
무거운 죄 짐을 아주 간단하게 해결해 주실 수 있다. 모든 인간을 창
조하신 분이고 피조물은 그의 것이니 사랑하기 때문이다. 이 얼마나
놀라운 사랑인가! 깊은 감동을 주는 성화이다.

쿠바

두 차례 여행을 다녀왔다. 한번은 동생 임순심 선교사를 위하여 동행하였다. 선교지를 답사하러 함께 간 적이 있다. 미국인 선교사의 아들이 현지인과 결혼하여 살고 있는 집을 찾아갔다. 무더운 날씨였다. 거리는 넓다. 자동차들이 거의 보이지 않는다. 한가하다. 자전거를 타고 다니는 사람들이 조금 보였다. 거리에는 상의를 벗고 놀고 있는 청소년들로 가득 차 있다. 학교에 가야 할 나이들인데 거리에서 놀고 있다. 동생과 안내원과 함께 거리를 걸어가고 있었다. 갑자기 자전거를 타고 나타난 청년이 동생 옆으로 달려와서 동생이 쓰고 있는 모자를 낚아채 갔다. 순식간이다. "야!" 소리쳤는데 이미 폭이 넓은 거리를 가로질러 반대 방향으로 저 멀리 사라졌다. 거리의 청년들은 술, 마약, 도둑질을 한다. 일자리도 없다. 수도 아바나에 살고 있는 미국인의 안내를 따라 몇군데 구경하였다. 국회 의사당을 보았다. 그 크기가 미국의 국회 의사당 보다 약간 크게 건축하였다고 한다. 모양은 비슷하다. 티브이는 채널이 하나밖에 없다. 하루 종일 카스트로가 나타나 연설을 한다. 공산주의나 사회주의 국가들이 그런 것처럼 정부만 믿게 한다. 러시아도 마찬가지이다. 국민은 선택의 여지가 없다. 러시아 정교회는 정부의 앞잡이이다. 대주교가 말하는 것들만 믿도록 한다. 교회가 국민의 알 권리나 인권을 위하여 일하지 않고 무조건 푸틴의 정치에 순종하도록 정치권력과 야합한다. 교회가 정치의 시녀 노릇을 한다. 그러므로 쿠바의 지성인들은 어서 속히 공산주의 및 사회주의

가 무너지는 날만 기다리고 있다. 티브이를 보지 않는다.

두 번째 여행은 중남미 선교사 대회를 참가하기 위하여 갔다. 초교파적인 선교사 대회였다. 아세아연합신학대학교 라틴아메리카 연구원 지음, 『라틴아메리카여 일어나라』라는 책에 자세히 실려 있다. 윤춘식 교수와 몇 명의 선교사들이 주관하고 쿠바 현지에서는 모든 경비와 재정을 김동우 집사님이 담당하였다. 그는 Ampelos Group 회장이다. 김 회장은 일찍 쿠바에 이민을 갔다. 믿음이 신실하며 스페인어를 능숙하게 구사하며 사업에 성공한 분이다. 초기에는 안경 장사로 시작하였다. 나중에는 국가 기간산업에 손대어 크게 성공한 분이다. 선교에 열정을 가지고 있으며 선교사들을 무조건 존경하여 적극적으로 선교의 후원을 하고 있다. 나는 훗날 김 회장을 뉴욕의 선배 목사님에게 소개하였다. 거기서 장로가 되었다. 모든 선교사 대회의 일정을 마치고, 그의 안내를 따라 쿠바의 명승지를 단체로 관광하였다. 보통 일반인들은 미국과 쿠바는 적성 국가이므로 원수처럼 지내는 것으로 생각한다. 그러나 코스타리카가 자연보호를 잘해서 관광객을 찾아오게 하여 관광 수입으로 살아 가고 있는 것처럼 쿠바도 마찬가지이다. 호텔도 외국인만 들어갈 수 있고 현지인은 감히 갈 수가 없게 되어 있다. 외국인 관광객만 들어가는 호텔이나 해수욕장은 아주 깨끗하고 시설도 여느 나라 못지않게 되어 있다. 상점도 외국인만 갈 수 있는 곳과 현지인이 다니는 곳은 천차만별이다. 우리가 찾아간 바다의 물은 에메랄드 빛이다. 매우 매혹적이다. 탄성이 저절로 나온다. 더욱 깜짝 놀란 일이 있다. 호텔 안에 있는 해수욕장에 나체촌이 있다. 그런데 우리만 민망하여 어색하게 보지 정작 그들은 아무렇지도 않게 다니고 아주 자연스러운 모습이다.

공산주의 국가에 신학대학이 존재한다는 것을 이해하기 힘들 것이다. 카스트로 대통령은 그가 집권하기 이전에 있던 신학대학은 그대로 존속하도록 조치하였다. 물론 미국 선교사들이 세운 학교이다. 동생은 하나님의 은혜로 이런 신학대학에 연결되어 선교사역을 하게 되었다. 임순심 선교사는 열악한 신학대학을 재건하는 데 주력하였다. 신축공사는 물론 교수진의 생활상도 향상되도록 노력하였다. 학교가 활성화되고 새로운 활력을 얻어 크게 발전하게 되었다. 전국 방방곡곡에서 신학생들이 몰려왔다. 학생들에게 성령의 역사라든지 특히 기도에 관하여 가르치고 본을 보였다. 전국에서 찾아오는 신학생들을 중심으로 교회 개척에 힘을 다하였다. 가정교회의 형태이다. 무려 100개의 교회를 개척하여 세웠다. 목회자들이 소명을 가지고 교회를 개척하고 목회를 할 수 있도록 물심양면으로 도와주었다. 동생은 싱글로서 주님을 신랑으로 여기며 오직 주님만을 위하여 일생을 헌신하고 있다. 가난한 쿠바 형제들이 오직 믿음으로 고난을 이겨 나가고 있다. 오직 성령 충만을 사모한다. 모이면 뜨겁게 찬양과 간구를 한다. 마치 초대교회의 모습이다. 공산주의의 위협과 핍박 속에서 자유롭지 못하지만, 북한이나 중국의 지하교회 교인처럼 순교자적 각오로 신앙을 지키고 있다. 말세에는 이러한 숨어 있는 성도들을 일으켜 땅끝까지 복음을 전하게 하시는 하나님의 섭리를 감지한다.

멕시코

로마가톨릭에서는 멕시코를 새로운 스페인이라 부른다(New Spain).
스페인이 중남미를 정복할 때 가톨릭도 함께 정복자의 자세로 복음화
에 힘썼다. 효과적인 전도의 거점으로 멕시코를 선정하였다. 베이스
캠프를 말한다. 따라서 교황은 거의 일 년에 한 번씩 멕시코를 방문한
다. 교황이 멕시코에 오는데 일 년 동안 환영의 분위기를 빈틈없이
준비한다. 주변 국가들도 마치 자기 나라에 교황이 오는 것처럼 준비
한다. 코스타리카에서도 집집마다 플래카드를 만들고 우리식으로 말
하면 제사상 같은 것을 마련한다. 교황을 신처럼 받들도록 선동한다.
　바티칸을 중심으로 전 세계 각국에 주교나 추기경을 세운다. 피라
미드식의 조직을 가지고 지구촌 구석구석의 정치, 경제, 사회, 문화
등 모든 분야에서 검토하고 자신의 종교를 토착화하기 위하여 힘쓴
다. 교황이 나타나면 기적이 나타난다고 믿는다. 가난에서 벗어나 부
유해지고 질병이 고침을 받고 갈등이 쌓여 있는 가정도 행복해진다고
믿는다. 교황은 성인이요 성자이며 그리스도의 대리자라고 믿는다.
그러므로 대부분 중남미의 그리스도인들은 명목상 그리스도인들이
다. 예수 그리스도의 십자가와 부활을 통하여 구원받고 영생한다는
믿음을 가지지 않고 있다. 구원의 확신이 없고 영생의 소망이 없기
때문에 현실과 타협하며 물질과 쾌락 중심으로 산다.
　이혼율이 80프로 이상이다. 동네마다 춤을 추며 술을 마시며 새로
운 짝을 찾을 수 있는 바(Bar)가 있다. 오늘 이혼해도 걱정이 없다.

내일은 얼마든지 새로운 동반자를 구할 수 있기 때문이다. 정신병자도 별로 없다. 낙천적이다. "Qué Será, Será"(될대로 되라)라고 노래 부른다.

메리다공항에 도착하였다. 유카탄에서 선교사 수련회로 모였다. 칸쿤으로 구경을 갔다. 마야 문명의 흔적들이 남아 있다. 왕의 궁전도 구경하였다. 피라미드도 보았다. 놀라운 것은 그렇게 높이 그 무거운 돌들을 어떻게 쌓아 올렸을까? 현대처럼 기계도 없었을 텐데. 얼마나 많은 노동자의 눈물과 땀이 배어 있을까? 그 당시에는 귀족들과 평민들의 구별이 심하여 평민들은 노예처럼 살았을 것이다. 노예들의 한 맺힌 눈물의 고통의 잔을 귀족들은 아무런 죄책감 없이 마시고 시시덕거렸을 것이다.

칸쿤이라는 땅에 애니깽(Henequen)이라는 식물이 있다. 칼같이 예리한 가시에 찔리면 피를 쏟고 말할 수 없는 고통 받는다. 한인 노동자들이 태평양 건너 이곳까지 와서 애니깽 농사를 지으면서 혹독한 고난을 받으며 살았다. 한인 후예들은 얼굴은 한국인이지만 라티노로 살고 있다. 쿠바에도 이러한 한인 후예들이 살고 있다. 그들을 상대로 선교하는 한국인 선교사들이 많이 있다. 조상의 뿌리가 코레아노들이지만 한국을 전혀 모른다. 한국인 선교사들이 한국을 알리면서 복음을 전하고 있다.

파나마

바울선교회 지역별 선교사 대회가 파나마에서 열렸다. 파나마에서 주로 인디언을 상대로 선교하는 선교사가 있다. 그는 높은 산지에서 살고 있는 인디언을 선발하여 강한 교회 지도자가 되게 하는 훈련을 시키는 사역을 하고 있다. 군대식 훈련이다. 상당 기간 군인을 모집하듯 선발하여 단체 훈련에 들어간다. 숙식을 제공한다. 선발된 지도자들은 철저한 군대식 훈련을 받아야 한다. 한국에 가나안농군학교가 있다. 김용기 장로가 세웠다. 그는 막사이사이상을 수상하였다. 농촌운동가였다. 나도 두 번이나 가서 훈련을 받은 적이 있다. 한번은 군인이었을 때 갔다. 날마다 새벽에 일어나 구보를 한다. 먹는 것은 고구마 한 개이다. 하루 종일 노동을 한다. 정신교육을 한다. 훈련이 끝나면 새로운 인생관이 확립된다. 근검절약하며 나라를 사랑하게 된다. 마치 가나안농군학교에서 하는 훈련과정을 파나마 선교사도 실천하고 있다. 군대식으로 기상시키고 구보시키고 기도하고 성서를 묵상하고 노동하고 공동 식사하고 취침한다. 우리 내외는 별도의 방에서 잠을 잤다. 미국에서 어떤 청년도 와서 함께 훈련을 받았다. 마약을 하고 정신이 혼미하고 건강이 악화된 청년이었다. 훈련을 받으면서 서서히 본래의 인간으로 회복되고 있었다. 상당 기간 혹독한 자기 절제와 극기 훈련을 받고 거의 과정을 마치게 되었다. 마지막 훈련 코스는 버스를 타고 몇 시간을 지나 높은 산에 거주하는 인디언을 찾아가서 전도하는 과정이다. 얼마나 높고 험한 산길인지 현지인 목사의 안내를 받으면서 인디언을 찾아갔다. 산을 넘고 또 산을 넘어 몇 시간을 걸어갔다. 어느덧 해는 서산에 기울었다. 어둠이 짙어지기 전에 겨우 현장에 도착하였다. 그렇게 수천 미터의 고지에도 인디언 부족들이 마을을 이루어 살고 있다. 귀한 손님이라고 음식을 장만하여 내놓았다. 옥수수와 산두벼의 쌀밥과 닭고기였다. 하루 종일 걸어 지치고 허기진 상태인지라 정신없이 마파람에 게 눈 감추듯 주는 대로 먹어 치웠다. 배가 부르니 잠이 쏟아졌다. 아마까(Hamaca, 그물 침대)에 들어가 잠을 청하였다. 배가 틀고 아프기 시작하였다. 도저히 참을 수가 없어 변을 보러 가야 했다. 어둡고 깊은 산속에서 어디로 가야 하는지 더듬거리고 있었다. 눈치를 챈 주인이 재빨리 후레쉬를 비추어 주면서 변을 볼 장소로 안내해 주었다. 웅덩이를 깊이 판 곳이다. 실족하면 똥통에 빠질 것 같았다. 어릴 때 재래식 변소가 생각났다. 조심스럽게 앉아 볼일을 다 보았다. 속이 시원해졌다. 서서 기다려준 주인의 후레쉬 빛을 따라 다시 아마까(Hamaca)로 돌아와서 비로소 잠을 청하였다.

하룻밤을 자고 아침에 일어나니 다시 상당한 거리를 걸어서 교인들을 만나러 가야 했다. 목사와 대화를 나누면서 걸어갔다. 현장에 도착하니 마을 사람들이 기다리고 있었다. 수십 명에게 현지인 목사가 우리를 소개해 주었다. 간단하게 복음을 제시하고 결심하는 순서를 가졌다. 소수의 결신자를 얻었다. 훈련원에 돌아 가면 보고를 해야 한다.

다시 하루 종일 산을 내려왔다. 경사가 심하게 비탈진 산길을 내려오다가 철퍼덕 주저앉아 버렸다. 이십여 미터 정도 미끄럼 타듯 쭉 내려왔다. 다행히 흙길이라 옷이 터지거나 찢어지지 않았다. 온통 흙을 뒤집어쓴 것이다. 훈련원으로 돌아오는 길에 해가 저물었다. 중간 지점에 어느 사용하지 않은 빈집에서 잠을 자게 되었다. 너무 피곤하여 쓰러져 잠에 취하였다. 아침에 일어나 보니 온몸이 난리가 났다. 밤새도록 온갖 벌레들이 온몸을 물어뜯고 모기는 물론 벼룩이 벌집 쑤셔댄 것같이 난리를 쳤다. 얼마나 피곤하면 무감각이었을까? 그 후 유증으로 약 한 달간 약을 바르고 고생하였다. 필리핀에서 훈련받는 과정 중에는 한밤중에 눈을 감기게 하고 온몸을 후려치고 겁을 주는 훈련을 받았다. "박해자가 이렇게 때리고 침을 뱉고 조롱하여도 예수를 부인하지 않겠느냐?" "네, 사나 죽으나 주만 위해 살겠습니다." 차라리 매 맞는 것이 나은 편이지 이렇게 피부에 통증을 느끼면서 주님의 십자가를 생각한다는 것은 더욱 고통이었다. 그럼에도 불구하고 "주님이 가신 그 길 나도 따라가오"라고 고백할 수 있음에 그저 감사할 뿐이었다.

브라질

브라질에서 지역별 선교사 대회가 열렸다. 코스타리카에서 직항이 없어 페루를 경유하였다. 페루에는 바울선교회가 아닌 다른 교단에서 파송한 선교사가 있다. 내가 아는 분이라서 몇 명의 선교사들과 같이 그를 찾아갔다. 그의 친절하고 능란한 안내를 받으며 추억에 남을만한 시간을 보냈다. 음식점에 가서 맛있는 식사를 할 수 있었다. 그의 안내로 대통령 궁을 구경하였다. 인상 깊은 것은 카타콤 지하를 방문한 일이다. 지하 깊숙한 곳에 믿음의 순결과 정조를 지킨 순교자들의 유골이 있었다. 선교사 일행인 우리는 모두 한결같이 고개를 숙이고 기도를 올렸다. 나도 저들처럼 주님을 위하여 순교자가 되겠습니다.

브라질은 대국이다. 공항에서 내려 브라질 땅을 밟은 순간의 첫인상은 탁 트인 대로 위에 달리는 자동차가 많다는 것이다. 목적지는 바울선교회에서 설립한 상 파울로에 있는 신학대학이다. 버스를 타고 상당한 시간이 지나 도착하였다. 넓은 대지 위에 몇 개의 신학대학 건물이 있다. 정부에서 인가한 정규 신학대학이다. 이사진과 학장과 교수진은 대부분 한국인 선교사들이다. 본부의 선교 전략은 브라질을 중심으로 중남미를 커버하는 선교의 베이스캠프가 되는 것이다. 학생들은 현지인뿐만 아니라 아프리카에서도 선발하여 세계 복음화에 박차를 가하고 있다. 신학대학 졸업생들은 특히 아프리카 선교사로 파송된다. 한국 선교사가 그리스도의 제자를 양성하여 그들이 제3세계 선교사로 나가게 하는 새로운 선교 방법을 시작한 것이다. 본부의 복음주의적, 초교파적, 국제적 선교 단체라고 선언한 것처럼 필리핀의 선교사 훈련원이나 이곳 신학대학도 같은 이념과 신앙고백으로 설립하였다. 따라서 학생들도 매우 보수적인 신학과 신앙으로 무장한다. 말씀과 기도에 전념하도록 가르친다. 오직 세계 복음화를 위하여 살도록 교육한다. 교회를 개척하고 오직 주님만을 위하여 헌신하는 목회자가 되게 한다. 모든 훈련의 과정을 마쳤다.

포르투칼어와 스페인어는 사촌 간이다. 브라질의 대형교회의 예배에 참석하였다. 설교자는 포르투칼어를 사용하였다. 스페인어로 동시통역을 하였다. 듣는 순간 통역은 포르투칼어를 거의 반복하여 따라 하는 것처럼 들렸다. 그 정도로 60% 이상 비슷하다고 한다. 그러므로 브라질을 비롯한 20여 개 국가의 스페인어를 사용하는 나라는 모두 언어상으로는 이웃이나 다름없다. 지금 미국 안에는 라티노의 인구가 남한의 인구인 5천만 명을 넘어선 지 오래되었다. 영어와 스페인어를 동시에 공용어로 사용하고 있다. 오바마가 대통령이 되었을 때 다음 차례는 라티노가 될 것이라고 말했다. 언어와 인구의 수는 강력한 힘이 된다. 소수 이민자는 정치력이 제한되어 있다. 보다 나은 이민 생활을 위해서는 산아제한을 하지 말아야 한다. 교회도 마찬가지이다. 주일학교 학생들이 많을수록 교회가 부흥할 수 있는 분명한 방법이다. 결혼하지 않고 결혼해도 아이를 낳지 않겠다는 생각은 개인, 단체, 국가, 인류의 불행의 원인이 된다.

예배를 마치고 대국답게 엄청나게 큰 식당에 가서 공동 식사를 하였다. 대부분 키가 큰 브라질 사람들이 초만원을 이루고 있었다. 관광객들도 보였다. 뷔페식당이다. 각양각색의 요리 솜씨를 발휘하고 질 좋은 각종 고기들이 차고 넘쳤다. 왁자지껄하게 대화를 나누며 식욕을 돋우는 중남미 특유의 밴드부의 노래와 연주가 울려 퍼졌다. 맘껏 먹고 음악과 사람들의 즐거운 웃음 속에서 시간 가는 줄을 모를 정도였다. 거의 그들은 체구가 크고 배가 불룩 나온 사람들이다. 대국에서 사는 대인들이다. 대통령이 여성이다. 중남미는 한국보다 훨씬 이전부터 여성 대통령이 많이 나타났다. 그런 면에서 선진국이다. 민주주의의 모범을 보이는 미국의 영향으로 그런 것인지 모른다. 민주주의는 기독교와 밀접한 관계가 있다. 개인을 존중한다. 동시에 단체의 질서를 지킨다. 자유 토론을 통하여 새로운 세계를 지향한다. 기독교의 사랑은 민주주의를 통하여 실천하며 궁극적으로 세계 평화를 건설할 수 있다.